湖北文物保护系列图书

探索与创新
湖北文博文创发展之录

湖北省文物事业发展中心 编

科学出版社
北京

编辑委员会

主编：孙　立

编辑：彭　放　薛玉翔　朱　波

图书在版编目（CIP）数据

探索与创新：湖北文博文创发展之录 / 湖北省文物事业发展中心编 .—北京：科学出版社，2021.12

ISBN 978-7-03-069847-6

Ⅰ . ①探… Ⅱ . ①湖… Ⅲ . ①文物工作 – 湖北 ②博物馆 – 工作 – 湖北 ③文化产品 – 湖北 Ⅳ . ①K872.63 ②G269.276.3 ③G124

中国版本图书馆CIP数据核字（2021）第190727号

责任编辑：张亚娜　　责任校对：王晓茜

责任印制：肖　兴　　书籍设计：北京美光设计制版有限公司

探索与创新——湖北文博文创发展之录

湖北省文物事业发展中心　编

科学出版社 出版

北京东黄城根北街16号

邮政编码：100717

http://www.sciencep.com

北京九天鸿程印刷有限责任公司 印刷

科学出版社发行　各地新华书店经销

2021年12月第　一　版　开本：787×1092　1/16
2021年12月第一次印刷　印张：12 1/4
字数：290 000
定价：228.00元
（如有印装质量问题，我社负责调换）

前　言

作为中华民族优秀传统文化物化成果主要展示地的博物馆，其文创产品是实现传统文化的创造性转化与创新性发展最重要途径之一，并日益成为整个社会文化事业和文化产业发展的重要组成部分。湖北地处华夏腹地，炎帝神农开启中华文明的曙光，以编钟乐舞等为代表的荆楚文化光耀华夏，厚重的历史积淀留下了丰富的文化遗产。全省现有不可移动文物点36473处，其中有3处世界文化遗产——武当山古建筑群、明显陵和咸丰唐崖土司遗址；168处全国重点文物保护单位；841处省级文物保护单位。共有登记备案博物馆229家，馆藏文物和标本250.4万件（套），其中三级以上珍贵文物11.27万余件（套），可供文创产品开发的资源巨大。

近年来，在国家系列政策的支持下，湖北文博单位文创产品开发工作取得了实质性进展。建立文创联盟，开展试点工作，指导联盟成员单位新开发文创产品50余种2000余件，连续三年全省博物馆文创联盟销售额约占全省博物馆文创销售总额得2/3。文物文创产品开发工作是湖北省文物事业发展中心新赋予的重要职能。新起点，新征途，未来，湖北文博文创将按照品牌连锁化运营、打造文博文创全产业链的思路，助推我省文博文创守正创新、推陈出新，高质量发展，让中华文化绽放出新的时代光彩。

为展现湖北文博文创工作新发展，我们编辑了本书，这是湖北第一本反映全省文博单位文创产品开发情况的书。全书分三部分：第一部分是综述，对国内文创环境进行分析，重点介绍湖北省文博文创工作开展情况及新发展；第二部分是全省精选文创产品图片展示，我们按产品创意、蕴含的文化价值、市场接受度等方面从近五年新开发的千余种产品中，选取了湖北省博物馆、武汉博物馆、荆州博物馆等14家博物馆200余件文创产品，按用途分为8大类系统展示；第三部分收录了湖北文博人对湖北文创工作的思考与谋划。

党的十九届六中全会强调"推动中华优秀传统文化创造性转化、创新性发展"。坚定文化自信，建设文化强国，需要我们结合新的时代条件传承好、弘扬好中华优秀传统文化，守正创新、推陈出新，让中华文化绽放出新的时代光彩。《探索与创新——湖北文博文创发展之录》的编辑出版，希望读者通过精美的文创产品了解绵延千年而历久弥新的中华文明，感受令人惊叹的灿烂成就，增强民族自豪感和自信心，让优秀传统文化传承与发展，服务于当代社会。

目　录

前言

探索与发展

新时代、新文创 / 孙立 ………………………………………………………… 2
湖北博物馆文化创意产品开发探索之路 / 孙立 ……………………………… 8

全省博物馆文创产品精选

经典复、仿制品 ………………………………………………………………… 32
文房用品 ………………………………………………………………………… 48
日用百货 ………………………………………………………………………… 76
益智游戏 ………………………………………………………………………… 118
服饰、首饰 ……………………………………………………………………… 124
艺术饰品 ………………………………………………………………………… 138
食品 ……………………………………………………………………………… 146
印刷出版物 ……………………………………………………………………… 150

展望与思考

湖北省博物馆文创工作现状及发展思考 / 王亮 ……………………………… 158
博物馆文创产品开发策略之我见 / 彭昊 ……………………………………… 165
关于对武汉博物馆文创产品的思考 / 谭群丽 ………………………………… 169
博物馆衍生产品开发思路的研究
　　——以武汉市中山舰博物馆为例 / 熊超 ………………………………… 171
浅谈武汉自然博物馆文创的策划设计思路 / 丁振国　夏宇诚 ……………… 175
浅谈博物馆跻身文化及相关产业中的文化软实力打造
　　——结合宜昌市博物馆文创开发初探 / 阮晓雨 ………………………… 177
博物馆文创产品开发的问题及策略
　　——以辛亥革命博物馆为例 / 钟艺 ……………………………………… 183

后记 ………………………………………………………………………… 187

探索与发展

新时代、新文创

孙 立

(湖北省文物事业发展中心)

鉴往知来，方寸间览千年。

博物馆是保护和传承人类文明重要的殿堂，是连接过去、现在、未来重要的桥梁。如何"让收藏在博物馆里的文物、陈列在广阔大地上的遗产、书写在古籍里的文字都活起来"，走进寻常百姓，融入现代生活，博物馆文化创意产品开发成为一条重要途径。

近年来，随着国家经济文化的迅速发展，人民群众的生活质量跨越式提升，文化产业呈现出新的发展趋势。在国家大力倡导发展文化产业的环境下，博物馆文创作为文化产业的重要组成部分有了新发展。

湖北省博物馆开发的掌上智慧博物馆

武汉市革命博物馆U盘

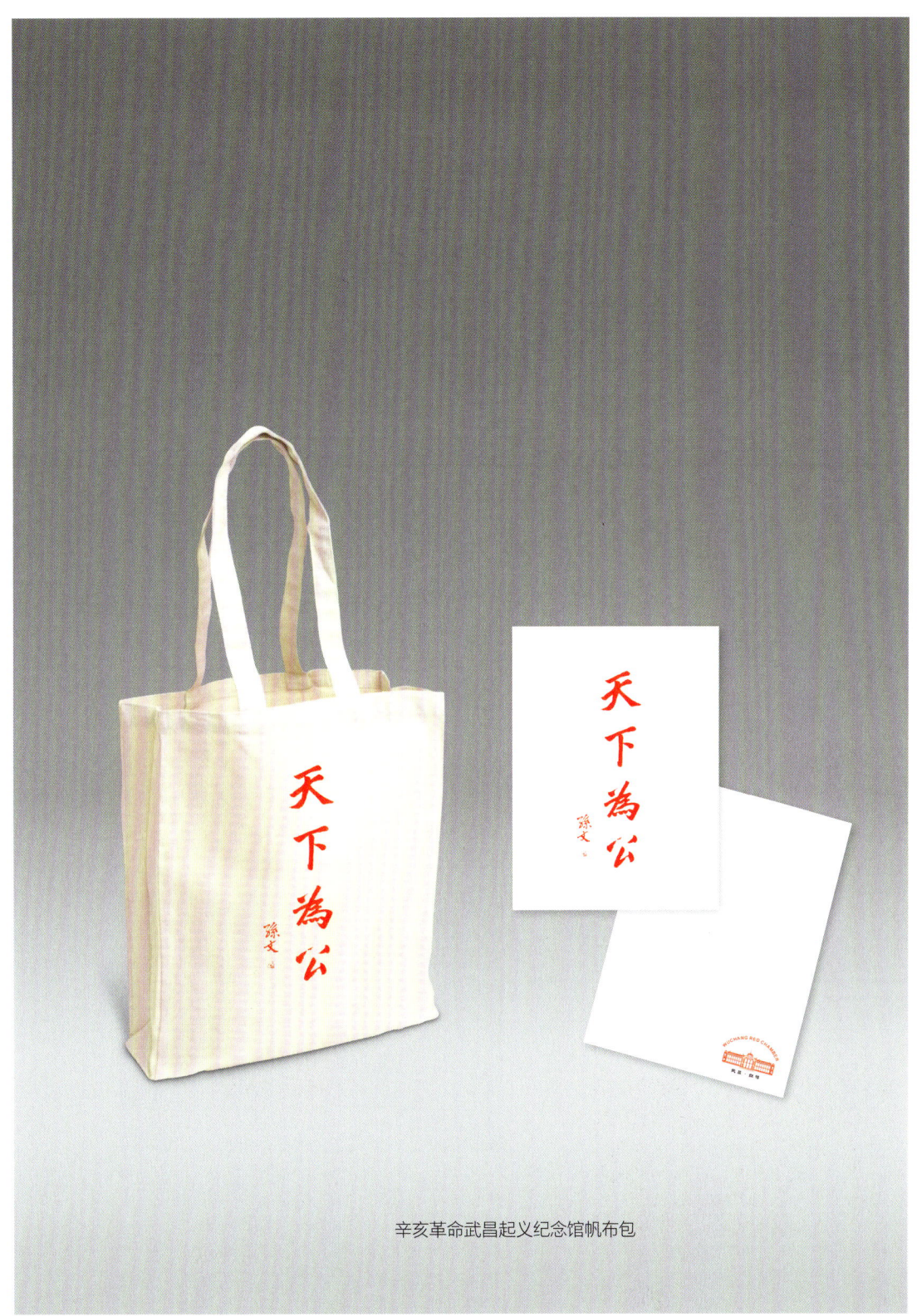

辛亥革命武昌起义纪念馆帆布包

博物馆文创产品已由原来主要以馆藏珍品的复仿制品、明信片、邮票等为主的旅游纪念品，发展为现在多业态跨界融合的大文创时代。

现在，博物馆文创产品开始加入文化和创意元素，同时更加注重创意元素与文化元素的深度融合，文创产品与多领域跨界融合，有形产品与无形产品相结合，不断更新博物馆文创的内涵与外延。

从2014年开始，国家出台了一系列关于促进博物馆文创产品开发的文件，将文创产品发展推入了"快车道"。

2014年3月，国务院出台《关于推进文化创意和设计服务与相关产业融合发展的若干意见》，标志文化创意和设计服务与相关产业融合发展已经成为国家战略

2015年3月20日，《博物馆条例》正式实施，明确博物馆可以从事商业经营活动，挖掘藏品内涵，与文化创意、旅游等产业相结合，并鼓励博物馆多渠道筹措资金促进自身发展。这为博物馆发展文创产品提供了法律和制度保障

2016年以来，一系列政策法规密集出台，鼓励文博创意产业发展。

2016年3月，国务院印发《关于进一步加强文物工作的指导意见》，倡导大力发展文博创意产业，在经营管理上，鼓励"社会资本广泛参与研发、经营等活动"。强调"要大力发展文博创意产业"，"进一步调动博物馆利用馆藏资源开发创意产品的积极性"

2016年5月，国务院办公厅转发文化部、国家发展改革委、财政部、国家文物局《关于推动文化文物单位文化创意产品开发的若干意见》。随后，文化部、国家文物局先后确定或备案了154家试点单位，鼓励试点单位探索通过博物馆知识产权作价入股等方式投资设立企业，从事文化创意产品开发经营

2016年也被认为是博物馆知识产权（IP）运营元年，意味着文化创意产业在政策和实践层面正式成为博物馆的"标配"，博物馆运营全面进入文创时代。

2017年2月，国家文物局在《国家文物事业发展"十三五"规划》中更是提出了2020年发展目标：打造50个博物馆文化创意产品品牌，建成10个博物馆文化创意产品研发基地，文化创意产品年销售额1000万元以上的文物单位和企业超过50家，其中年销售额2000万元以上的超过20家。

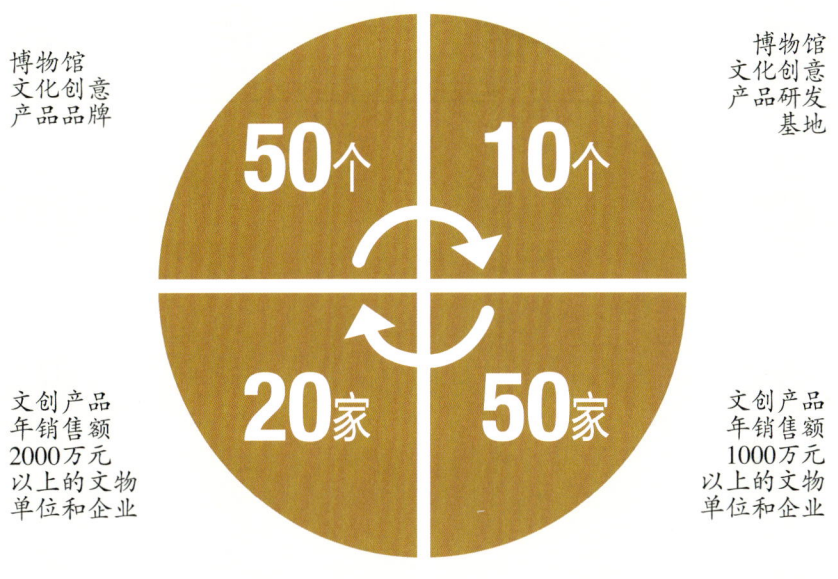

2020年博物馆文创产品规划目标

在国家相关政策的支持推动下，国内博物馆的文创产品迎来前所未有的发展，最直接的表现就是文创产品销售额呈指数增长，很多博物馆年销售额从百万跨入千万。2019年，湖北省博物馆文创销售额2400万，广东省博物馆销售额1900万，苏州博物馆文创销售额1600万，湖南省博物馆文创销售额1400万；故宫博物院作为国内目前博物馆文化创意产品开发的排头兵，文创销售额从2017年开始，连续3年超10亿元。

文创产品已成为文化产业发展新的动力源，是改变文化供给侧结构、满足人民群众多样化文化消费需求的重要手段，有利于形成新的经济增长点，在稳增长、促消费中发挥重要作用。

政策鼓励博物馆文创产品开发

政策方向	时间	政策	政策要点
鼓励文创产品开发	2014.3	《关于推进文化创意和设计服务与相关产业融合发展的若干意见》	标志文化创意和设计服务与相关产业融合发展已经成为国家战略
	2015.3	《博物馆条例》正式实施	明确博物馆可以从事商业经营活动，挖掘藏品内涵，与文化创意、旅游等产业相结合，并鼓励博物馆多渠道筹措资金促进自身发展
	2016.3	《关于进一步加强文物工作的指导意见》	倡导大力发展文博创意产业，在经营管理上，鼓励"社会资本广泛参与研发、经营等活动"
	2016.5	《关于推动文化文物单位文化创意产品开发的若干意见》	提出在确保博物馆公共服务职能的前提下，实现社会效益和经济效益的协调统一
	2016.10	《关于促进文物合理利用的若干意见》	支持文博单位与社会力量深度合作，建立优势互补、互利共赢的合作机制
	2016.11	《"互联网+中华文明"三年行动计划》	建立文物信息资源和品牌资源的授权机制，鼓励博物馆通过总体授权、单独授权、专项授权等，将资源优势转变为市场优势
	2016.11	文化文物单位文化创意产品开发试点	确定92家文化文物单位文化创意产品开发试点单位，鼓励试点单位探索通过博物馆知识产权作为入股等方式投资设立企业，从事文化创意产品开发经营
	2017.2	《国家文物事业发展"十三五"规划》	提出打造一批"具有示范带动作用的文化创意产品开发项目和优秀企业"
	2018.10	《关于加强文物保护利用改革的若干意见》	激发博物馆创新活力，鼓励文物博物馆单位开发文化创意产品
	2019.8	《关于进一步激发文化和旅游消费潜力的意见》	鼓励建设集合文创商店、特色书店、小剧场等多种业态的消费集聚地

续表

政策方向	时间	政策	政策要点
鼓励文创产品开发	2021.3	《关于加快培育新型消费实施方案的通知》	深入发展数字文化和旅游。加快文化产业和旅游产业转型，加强文创商店等多种业态集合
	2021.8	《关于进一步推动文化文物单位文化创意产品开发的若干措施》	从分配机制、税收政策等方面鼓励推动文创产品开发
人才培养方面	2016.12	《国家"十三五"文化遗产保护与公共文化服务科技创新规划》	培育文化遗产保护与公共文化服务领域的复合型人才，培养高端创意研发、经营管理、营销推广人才
	2019.11	《关于进一步加强文博事业单位人事管理工作的指导意见》	文博事业单位可设立流动岗位，吸引具有文博创意产品开发和营销能力的企业人才以及具有传统技艺的民间匠人等进行兼职
政策资金支持	2016.10	《关于促进文物合理利用的若干意见》	从财税金融方面对文博单位以文创产品的形式开发文物资源提供了政策支持
	2017.3	《国家艺术基金"十三五"时期资助规划》	专门提出将文博创意产品提供支持
	2017.4	《申报2017年度文化产业发展专项资金的通知》	明确对于促进文化创意和设计服务与相关产业融合发展的重大项目对文化文物单位文化创意产品开发予以支持，对试点单位予以优先支持
	2017.10	《"互联网+中华文明"专项资金管理暂时办法》	将有（局机关部门预算、中央财政文化产业专项扶持资金、国保专项资金）三个渠道对包括互联网+文博创意产品在内的工作，予以资金支持
技术指导	2019.5	《博物馆馆藏资源著作权、商标权和品牌授权操作指引》	文物信息资源、商标、品牌授权

湖北博物馆文化创意产品开发探索之路

孙 立

（湖北省文物事业发展中心）

博物馆作为公共文化机构，其文化产品是服务社会的重要内容，是博物馆文化传播功能的重要组成部分，也是博物馆文化展示、展览的延伸，同时又是满足观众文化需求、创造社会效益和经济效益的重要手段。推进文博创意产业发展，对于坚定文化自信、满足人民群众精神文化需求、实现中华民族伟大复兴中国梦具有重要意义。

湖北地处中国腹地，享有"九省通衢"之美誉，区位优势明显，自古以来，就是人类文明高度发达的重要区域。湖北是远古人类的栖息地、史前文明的发源地、楚文化的发祥地、三国文化的发生地、首义文化的策源地、红色文化的富集地，文化文物资源十分丰富。全省共有登记备案博物馆229家，馆藏文物和标本250.4万余件（套），藏品的特色鲜明，具有博物馆文化产品开发的独特优势。

一、湖北博物馆文化产品开发现状

湖北以丰富的文物藏品资源为基础，以重点博物馆为依托，积极设计开发博物馆文化产品，发展相关的文化产业。主要体现在文化产品的开发、经营模式和经营现状三个方面。

1. 文化产品的开发

全省博物馆以其收藏的历史文化资源为依托，根据观众的需要，开发生产的文化产品具有实用、欣赏和收藏价值，彰显湖北历史文化的内涵。

以湖北省博物馆为例，其作为央地共建的国家级博物馆之一，藏品特色鲜明，其中曾侯乙编钟及尊盘、越王勾践剑等享誉海内外，依托馆藏资源，开发了编钟、越王勾践剑、梅瓶等系列文创产品，同时将编钟乐舞作为文创品牌大力推出，年均欣赏编钟乐舞的观众达十余万人次，促进了优秀文化资源的传承传播与合理利用。武汉市革命博物馆依托深厚的红色文化底蕴和丰富的革命资源，开创了"红色礼物"品牌，已开发生产300余款。除此之外，荆州博物馆开发的古代丝绸制品、漆木器复仿制品（虎座鸟架鼓、双连杯、楠木卧虎等），鄂州市博物馆开发的青铜镜、青铜剑，武汉博物馆开发的盘龙城出土文物数码仿真彩色丝织锦画也深受观众喜爱，销售量逐年增长。

目前，全省文博单位文创产品近千种，内容涉及文物复仿制艺术品、儿童用品等八大类产品。

2. 文化产品的经营模式

湖北的博物馆文化产品经营起步于20世纪80年代初期，随着社会经济的发展，博物馆在开发和经营模式上逐步从单一模式向多样化模式转变。目前，全省主要是四种模式并存：一是场地出租或代销经营模式，二是混合型经营模式，三是公司运作模式，四是内部自主经营模式。

场地出租典型代表： 辛亥革命武昌起义纪念馆（图一）、宜昌市博物馆（图二）。

代销典型代表： 武汉市革命博物馆。

武汉市革命博物馆卖场

混合型经营代表： 武汉博物馆自主与代销相结合，湖北省博物馆（以下简称省博）既有自主经营也有场地出租、代销等多种方式相结合。

武汉博物馆卖场

省博内卖场（自主经营）

省博外卖场（自主经营）

省博咖啡店（场地出租）

公司运营典型代表： 荆州博物馆和鄂州市博物馆的文创工作在我省文博单位开发文创工作中是为数不多由隶属公司完全负责经营开发的单位。

荆州博物馆卖场

荆州博物馆文创产品产销业务由荆州博物馆下属的荆博弘楚文化传播有限公司负责。该公司成立于2014年，产品以研发、营销复仿制古代漆木器、古代织绣为主

鄂州市博物馆卖场

鄂州市博物馆文创商店由湖北博达文化传播有限公司负责经营。该公司成立于2016年，公司资产隶属于鄂州市博物馆，实行独立核算经营模式

自主经营典型代表：武汉琴台钢琴博物馆，全自主经营的方式主要是在非国有博物馆居多。

武汉琴台钢琴博物馆卖场

3. 文化产品的经营现状

以往作为"深墙大院"的博物馆，博物馆文化产品销售场地较小，品种单一，难以形成规模。随着博物馆基础设施建设的快速发展和服务条件的日益完善，免费开放使博物馆观众人数的逐渐增加，更多不同文化层次的观众走进博物馆，对博物馆文化产品的经营与销售也提出了更高的要求。

第一，为观众服务的文化产品销售场所面积大大增加。以湖北省博物馆为例，20 世纪 90 年代末商品销售点仅一处，面积为 100 多平方米，而目前，省博在其综合馆、楚文化馆、编钟馆的不同楼层、不同位置设置了五处从事经营服务的场所，营业面积增加到近 500 平方米。其他地市级博物馆过去营业面积很小甚至没有销售场所，现在也都在 200 平方米以上。营业场地的改善，使更多的文化产品进入博物馆，为观众提供了更好的服务。

第二，为观众服务的项目更加丰富。博物馆观众的增多，经营服务场所的增加，文化商品数量的增长，不可避免地涉及经营方式的变化。传统的柜台式销售、等客上门式的服务销售模式正在失去市场，新媒体、线上销售受年轻人偏爱。湖北省博物馆在观众服务项目方面，除了传统销售形式外，还设有无人售卖机、咖啡厅、演奏厅等，观众到博物馆除了陈列展览带来的精神享受之外，还能够得到更多其他方面的服务。武汉博物馆、荆州博物馆则针对不同的临时展览设计开发与定购了体现展览特点的各种纪念品。

博物馆经营服务项目的增加和服务理念的转变，使观众对博物馆文化产品的关注度提高，不但培育了更加广泛的消费群体，而且带动了文创产品的经营销售。

第三，从事文化产品销售服务人员的数量和素质大大提高。为了应对新的形势，保证服务的质量，博物馆增加了从事文化产品销售服务人员人数，并对其进行了专业的培训。以湖北省博物馆为例，他们通过招聘、培训等方式，使销售服务人员数量有所增加，专业素养明显提高。目前，市场部人员近50人，其中销售员14人，设计1人；演员28人，音乐编创2人。其中本科学历人员占7成以上。为保证服务质量，强化销售人员服务意识和提高营销技巧，省博专门对服务人员进行了礼仪及专业知识的培训，请专家开展相关展览知识讲座，使销售人员能深入了解所销售的商品与展览文物之间的关系，销售人员业务水平及素质有了普遍的提高。

4. 文化产品的生产

由于博物馆本身并不具备产品的完全生产能力，产品的生产主要有以下几种方式：一是自行开发，自行生产。如荆州博物馆的文物复制工厂、鄂州市博物馆的文物复原复制研究所；二是自己设计或者通过外聘设计人员做商品开发设计，利用厂商资金制作系列商品，如湖北省博物馆、武汉博物馆等均采用过此种模式；三是与相关地区、兄弟文化单位交换或共享开发资源，以代销的形式进行销售；四是直接进行公开市场定购文化产品，再进行销售。

近年来，湖北省形成了一些区域性的博物馆文化产品生产企业。如武汉地区的武汉精密铸造厂等高端文化产品加工企业，荆州、随州地区的青铜器、漆木器加工企业，鄂州地区的青铜器加工企业等。这些企业各有所长，为博物馆输送了大量精美的文化产品，同时也取得了很好的经济效益和社会效益。

二、2016—2020 五年探索发展之路

我省博物馆文创工作虽起步较早，但由于受政策、资金、人才等方面因素的制约，一直处于缓慢发展状态。直到 2016 年，国务院办公厅转发《文化部等四部门关于推动文化文物单位文化创意产品开发若干意见》（以下简称《意见》）的通知，从国家层面正式拉开了博物馆、美术馆、图书馆、文化馆等国有公共文化服务机构主动开发文化创意产品的序幕。也正是这一年，全省博物馆文创工作在省文物局的指导下稳步向前，迈上了一个新的台阶。

1. 细化措施，确保落实，为推动全省博物馆文创事业发展提供政策保障

2016 年 5 月，《意见》下发后，湖北省委、省政府、省文物局高度重视，省领导在文件上作出批示，要求相关部门认真研究，结合文件要求和全省实际，及时上报落实举措。省文物局迅速组织文博单位对文博创意产品开发相关政策进行集中学习。6月，由国家文物局主办，湖北省文物局承办的"全国文博单位文化创意产品开发工作推进会"在武汉举行。

6月22日，由国家文物局主办、湖北省文物局承办的"全国文博单位文化创意产品开发工作推进会"在武汉举行。来自全国各省级文物行政部门、中央直属及各省级博物馆以及相关文化创意企业等单位负责人近300人参加了会议。国家文物局副局长关强出席会议并讲话，就文博单位开展文化创意产品开发工作作出部署。时湖北省副省长郭生练出席会议并致辞

由国家文物局指导,中国博物馆协会和湖北省博物馆举办的"让文物活起来——全国文博单位文化创意产品联展"于"全国文博单位文化创意产品开发工作推进会"后在湖北省博物馆开幕,43家文博单位选送的500余种文创精品参展。中国博物馆协会组织评出了10项"最佳创意文创产品"、10项"最受欢迎文创产品"等

为打通政策落地最后一公里,省文物局结合文件精神和全省博物馆实际情况,及时落实举措,细化措施报省政府,申请以省政府名义出台文件;2016年7月,湖北省人民政府印发《关于进一步加强文物工作的实施意见》(鄂政发〔2016〕29号),明确提出发展文博创意产业,培育文博创意品牌、提升文化创意产品开发水平、建设文化创意产品营销体系、创新文化创意产品开发激励机制等主要内容。

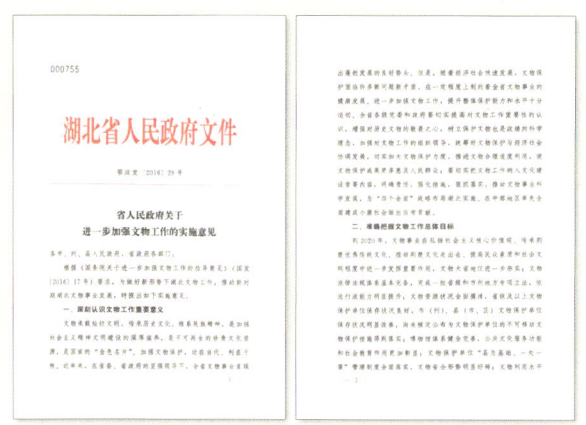

湖北省人民政府印发《关于进一步加强文物工作的实施意见》

2. 开展试点、以点带面，为推动全省博物馆文创事业发展引路

按照"试点先行，逐步推进"的原则，2016年，省文物局组织推荐湖北省博物馆、武汉市中山舰博物馆2家单位列入首批国家级文创试点单位。2017年，省文物局结合实际情况，组织开展省级文创试点单位申报工作，确定荆州博物馆、武汉博物馆、鄂州市博物馆等6家单位为省级文创试点单位，围绕馆藏文化资源挖掘、生产经营机制创新、文创产品开发、营销模式拓展进行试点尝试。

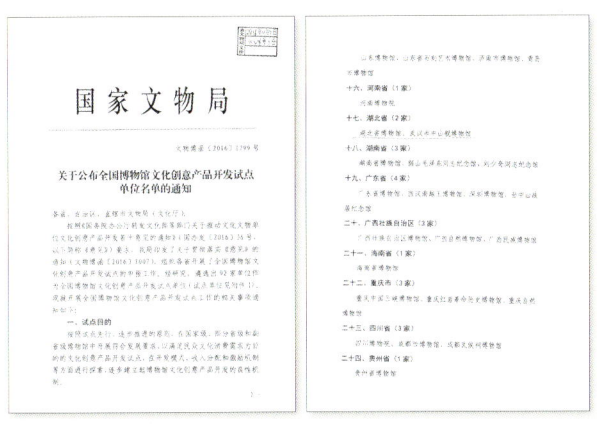

2016年国家文物局公布的首批96家文创试点单位，我省两家博物馆名列其中

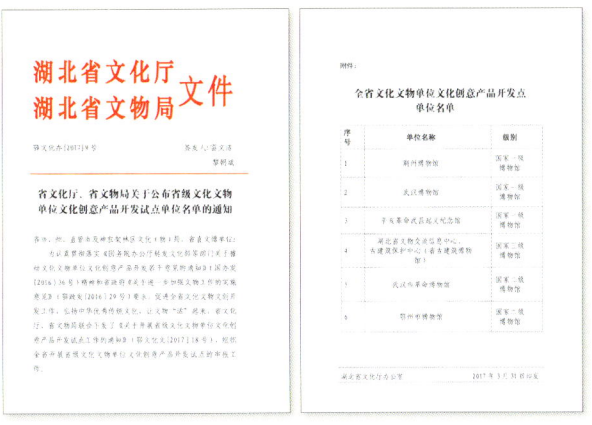

湖北省级文博单位文创试点名单

试点单位介绍

湖北省博物馆

湖北省博物馆是全国八家中央地方共建国家级博物馆之一,首批国家一级博物馆,也是全省唯一的省级综合性博物馆,主要承担着全省文物的收藏、保管、保护、陈列展览及藏品研究工作。

湖北省博物馆依托馆藏资源,开发了编钟、越王勾践剑、梅瓶等系列文创产品,同时将编钟乐舞作为文创品牌向外推出,年均欣赏编钟乐舞的观众达十余万人,促进了优秀文化资源的传承传播与合理利用。先后荣获国家文物局"全国博物馆文化产品示范单位"的荣誉称号、中国博物馆协会文创专委会2016年度突出贡献奖。2016年,承办国家文物局在武汉召开的全国文博单位文化创意产品开发工作推进会;同年11月,成为首批全国博物馆文化创意产品开发试点单位。2017年推出的"益智玩具"系列文创产品在第十届海峡两岸(厦门)文化产业博览交易会上获"最佳人气奖"。

湖北省博物馆全景

湖北省文物交流信息中心、湖北省古建筑保护中心

湖北省文物交流信息中心、湖北省古建筑保护中心

湖北省文物交流信息中心和湖北省古建筑保护中心于2017年1月经湖北省文化厅批准合署办公，开展文物鉴定、文物修复、文物展览、文物复仿制品制作、文创产品研发、文博人才培训等工作；承担全省文物保护项目的第三方评审和文物资料信息库的运行维护，对外提供文物行业信息化建设技术服务；开展遗址保护规划、古建筑保护维修等。

辛亥革命武昌起义纪念馆

辛亥革命武昌起义纪念馆

辛亥革命武昌起义纪念馆是依托中华民国军政府鄂军都督府旧址（即武昌起义军政府旧址）而建立的纪念性博物馆，俗称"红楼"。藏品以清末民国时期及与辛亥革命相关的历史文物、历史文献资料、珍贵历史照片为主。先后被命名为"全国青少年教育基地"、"全国百个爱国主义教育示范基地"、"中国侨联爱国主义教育基地"和国家AAAA级旅游景区。2017年晋升为国家一级博物馆。

武汉博物馆

武汉博物馆是一座综合性博物馆,为国家一级博物馆。现有"历代文物珍藏""古代陶瓷艺术"等基本陈列,其中"武汉古代历史"荣获国家文物局颁发的第五届"全国十大陈列精品奖"。该馆利用馆藏资源和多家公司合作开发了具有本地特色、实用性强的文创产品,如武汉三镇图系列的雨伞、文件夹、两用手包鼠标垫;根据"古代历史"陈列衍生开发的立体明信片、手绘涂色绘本等。其中以《江汉揽胜图》为元素开发的真丝织锦手卷在全国文博单位文化创意产品联展中荣获"文博传承奖"。

武汉博物馆

荆州博物馆

荆州博物馆是一座融陈列展览、宣传教育、文物收藏保护、考古发掘研究等多种功能于一体的地方性综合类博物馆，首批国家一级博物馆。陈列展览有"江汉平原原始文化展"、"江汉平原楚汉文化展"、"荆州出土简牍文字展"、"凤凰山168号汉墓展"、"古代漆木器精品展"、"楚汉织绣品展"及"传世文物展"等，其中"江汉平原楚汉文化展"曾荣获国家文物局"全国十大陈列展览精品奖"。

2014年4月，由荆州博物馆工会和旅游服务部共同出资成立荆州荆博弘楚文化传播有限公司，主要经营文化创意产品的研发、生产与销售。2015年，"楚韵绣品系列"获得国际旅交会旅游丝织品类银奖；2016年，风筝·灯饰·摆件系列获第八届中国国际旅游商品大赛实物类铜奖。

荆州博物馆

武汉市中山舰博物馆

武汉市中山舰博物馆

中山舰是全国首例在淡水环境中进行水下打捞的、目前全国最大的可移动文物。打捞修复之后，在中山舰的沉没地就近设立纪念博物馆。开放之初即被授予首批国家国防教育示范基地。2014年，入选首批国家级抗战纪念遗址（设施），是湖北省内仅有的两处入选遗址之一。2016年被列为国家首批文创试点单位。2017年晋升为国家一级博物馆。

武汉市中山舰博物馆，以"让文物活起来"为宗旨，充分利用现有资源，设计开发了"中山舰舰船模型""中山舰纪念邮册"等系列文化产品。

武汉市革命博物馆

武汉市革命博物馆为国家二级博物馆，是武汉市重要的革命历史纪念馆，在武汉地区近现代文物的征集、收藏、保护、研究、展示及武汉近现代史的研究方面发挥着重要作用。下辖武昌农讲所旧址纪念馆、武昌毛泽东旧居纪念馆、中共五大会址纪念馆、陈潭秋烈士纪念馆、武昌起义门旧址管理所。

近年来，该馆加强与社会力量合作，依托深厚的红色文化底蕴和丰富的革命馆藏资源，开创了"红色礼物"品牌，已开发生产近400款文创产品。

武汉市革命博物馆

鄂州市博物馆

鄂州市博物馆

　　鄂州市博物馆为国家二级博物馆，历代铜镜和六朝青瓷器为馆藏品最大亮点。青铜镜共600余面、500多个品种，其中300多面为国家珍贵文物，尤以纪年镜、铭文镜为多，享誉海内外。六朝青瓷器则以品种齐全、造型独特、釉色丰润亮泽等特色享有盛誉。

　　近年来，该馆以当地出土的历代铜镜为设计元素，重点研发了战国四山镜、汉三国星云镜、半圆方枚神兽镜等青铜镜产品；同时面向省、市二级陶瓷日用消费市场、文化礼品市场，开发武昌青瓷系列产品，重点挖掘"文房四宝"和陶瓷书画等文化方面的创意青瓷产品及衍生。

3. 建立联盟，抱团发展，为推动全省博物馆文创工作形成合力

为促进博物馆资源共享，加强馆际交流合作和博物馆与高校、企业之间的跨界合作，形成优势互补、推动以博物馆文化创意产品为主体的文化产业集群的整合，促进各类创新要素集聚，形成核心竞争力，省文物局指导湖北省博物馆、辛亥革命武昌起义纪念馆、荆州博物馆等8家文创试点博物馆和湖北大学、武汉理工大学、武汉纺织大学3所高校设计院系及4家文创优质企业共同组建全省博物馆文创联盟。

2017年，省文物局组织相关单位召开文创工作推进会，这是里程碑的一次推进会，确定了湖北博物馆文创工作将以文创联盟的形式抱团发展。会上省博物馆馆长方勤宣读了《湖北博物馆文创联盟倡议书》，倡议在品牌打造、合作机制、产品开发、拓展销售等方面达成一致意见

按照"依托联盟、打造品牌、小步慢跑、稳中推进"的思路，全省博物馆文创联盟自成立以来，短短的三年时间，工作取得可喜成绩。创立了"楚博汇"品牌、从现有文创产品中精选第一批贴标产品并统一销售包装；联盟成员单位之间签署加盟协议和代销协议，并就联盟产品统一标识、定价、市场开拓等问题达成一致。目前，联盟成员单位新开发文创商品50余种2千余件；据不完全统计，2019年，省博文创销售额达2400万，创历年销售额新高，荆州博物馆销售额60万，武汉市中山舰博物馆销售额15万，目前，全省文创联盟销售总额近2500万，约占全省博物馆文创销售总额得2/3。

全省文创联盟徽标（LOGO）和名称在2018年5月18日国际博物馆日正式对外公布

LOGO整体造型形似编钟又似礼品盒，明确了博物馆特性与机构的功能。整个LOGO寓意多重，选取了编钟、祥云、凤凰、礼盒、字母"M""C"等多种元素。第一主视觉为抽象化编钟，同为礼品盒与大写字母"C"，代表了湖北省博物馆与楚文化。中间白色部分负形为横向"L"，代表"League"（联盟）；图标上部分为祥云、凤凰、如意的抽象简化图形，寓意美好祥和，凸显东方个性。整个LOGO色彩选用中国及凤凰的代表色——红色为基调，编钟采用自左向右渐变色，让LOGO整体更富有层次感

包装纸和丝带采用楚国漆木器常用的黑、红二色作为色调，印花图案以曾侯乙编钟、越王勾践剑、铜鹿角立鹤等湖北19件重点文物为原型，通过插画的方式重新构图，设计出生动有趣的卡通图案

2017年12月，湖北博物馆文创联盟首次亮相"第三届广州国际文物博物馆版权博览会"

从联盟成员单位中精选的50件第一批联盟贴标产品

2018年，湖北博物馆文创联盟参加第八届中国博物馆及相关产品博览会

三、未来与展望

博物馆文创已进入到了一个既关键又微妙的时期。一方面市场的热度不断升温，需求端旺盛，另一方面受制于种种因素，供应端潜能未能充分释放。新时代、新背景，湖北文博文创开发工作如何发展？可以从以下几个方面进行有益探索。

1. 解放思想，探索体制机制改革

博物馆作为公益一类事业性质单位，收支两线，其资金使用必须严格依照相关制度执行。文物单位文创产品开发经营的风险性和资金使用政策的"困局"很大程度上影响了文创产品开发工作。针对这些问题，2021年8月，文化和旅游部等八部门联合印发《关于进一步推动文化文物单位文化创意产品开发的若开措施》，围绕当前制约行业发展的瓶颈问题，提出了一系列指导意见。为打通政策落地最后一公里，下一步，应结合省情，从政策层面上细化措施，探索文博单位文创产品的分配机制和文博单位文创人员奖励激励机制，充分调动博物馆文创和相关开发人员的积极性。

2. 开展荆楚文化文创标识体系研究，建设全省文物文创素材数据库

三国文化、长江文化、武当文化、神农文化、土家文化延绵数千年的荆楚文化，留下了丰富的可移动和不可移动文物资源，其中可供文创产品开发的文物资源巨大，但已用于文创产品

开发的文物元素不到1%。当下，应着力以文物资源为切入点，联合高校、文博机构对荆楚文化文创标识体系进行梳理，涵盖可移动和不可移动文物，从时间（旧石器到近现代）、空间（不同地区文物资源特色）两个维度，全面梳理湖北文物资源，精选主题线索和具体资源，汇总梳理相关研究成果，深入解读价值内涵，构建直接对接于文创开发的荆楚文化标识体系和资源库，为开发文化创意产品提供"源头活水"。

3. 扩大文创联盟，培育市场主体形成产业集群

目前，湖北文博文创市场存在小（市场规模小、销售额低）、散（文博单位各自为政，缺少产业链）、弱（行业发展整体在全国处于弱势地位）的现状。亟待科学规划，整体发展。应整合资源，在现有文创联盟基础上，增加成员单位，扩大联盟。将文博单位、高校、社会企业等各种与文化创意产品开发相关的市场主体联合起来，扩大全省文创联盟，在政府部门的主导下，促进市场主体资源共享、渠道共用。依托省内优质文博、演艺、非遗、影视、艺术、旅游、科技资源，拓展横向、纵向产业链条，培育具有国际国内影响力的文化创意产品开发领军企业和产品品牌。

扩大文博单位文创的内涵和外延，将文化创意产品开发工作按照文化文物创意产业来打造，按照文创产品开发过程，将文创产品各个要素分为产业链上（掌握文物资源的博物馆等文博单位）、中（研发、设计的高校和公司）、下（销售、推广）游，打造文化创意产品全生态产业链，培育各个市场主体，打造湖北文博文创产业园区形成产业集群。

4. 创新运营模式，开展品牌连锁运营

改变博物馆各自为政单一的销售模式，通过运营平台企业，采取"连锁经营"模式，对全省文博文创产品统一管理、统一包装、统一品牌、统一营销、统一推广，全省一盘棋、一个整体、一个品牌，市场化运作，高质量打造湖北文博文创产业链，有效推动我省文博文创事业的发展。

5. 重视IP资源保护，加强文创产品工作中的文化文物知识产权管理

2019年5月，为激发全国博物馆创新活力，盘活用好馆藏文物资源，推动博物馆逐步开放共享文物资源信息，规范博物馆文化创意产品开发工作中馆藏资源授权，国家文物局印发了《博物馆馆藏资源著作权、商标权和品牌授权操作指引（试行）的通知》（文物博发〔2019〕14号）。

建议相关主管部门共同出台相关文件，加强全省文化文物单位馆藏资源及新开发文化创意产品的知识产权保护工作，支持文化文物单位注册和申请相关商标及专利，加大对侵犯文化创意产品商标权行为的打击力度。

6. 调动各方力量，设立湖北文博文创发展基金

调动各方力量设立湖北文博文创发展基金，资金来源主要是文物资源或文博品牌授权费用、文创产品收入以及公益捐赠。文博资源或文博品牌的授权费用以及利用授权资源研发的文创产品收入视情况按相应比例存入文博文创发展基金。文博单位的文创产品研发，文化服务提供等与文博发展有关的项目所需资金可依法合规从文博基金中提取使用，让文创反哺博物馆各项事业。

全省博物馆
文创产品
精選

经典复、仿制品

全省博物馆文创产品精选

越王勾践剑

青铜限量版

出品　湖北省博物馆
尺寸　56厘米×5厘米

　　越王勾践剑是与越王勾践这位著名的历史人物密切相关的一件绝世珍宝,剑身有两行八字鸟篆铭文"越王鸠浅(勾践),自乍(作)用剑",它不仅花纹精美、刃薄锋利,且深埋于地下2000多年至今不锈,并保持着耀目的光泽。谜一样的名剑之王——越王勾践剑,凝聚了吴越铸剑巨匠的高超智慧和精湛工艺。典藏名剑,是收藏者身份和地位的体现,除青铜越王勾践剑复制件外,湖北省博物馆每年限量精制99把青铜版越王勾践剑,以满足收藏者之需。

1.5米套钟

出品　湖北省博物馆
尺寸　150厘米×30厘米×80厘米

曾侯乙编钟是国宝级文物，具有极高的收藏价值和欣赏价值，也是湖北省博物馆镇馆之宝。根据市场定位，湖北省博物馆先后研发出数十种编钟产品以满足收藏市场的需求。湖北省博物馆的曾侯乙编钟复仿制品制作精美，音色准确，该系列中的1.5米套钟曾作为国礼赠送给2018年4月来华访问的印度总理莫迪。

鹿角立鹤

仿制件

出品　湖北省博物馆
尺寸　143.5厘米×110厘米

　　湖北省博物馆馆藏国家一级文物鹿角立鹤造型别致，由鹤身、鹤腿、鹿角、底板四部分榫接组成，鹤头、颈与鹿角均错金装饰，背脊与双翅周边镶嵌绿松石。中国古代视鹤、鹿为祥瑞，此为鹿、鹤合体，是想象中的吉祥动物。由湖北省博物馆研制开发的鹿角立鹤系列仿制件，严格按照传统工艺铸制而成，极具收藏价值。

虎座鸟架鼓 伪制件

出品　湖北省博物馆
尺寸　160厘米×110厘米

　　虎座鸟架鼓是战国时期楚国的重要乐器种类。以两只昂首卷尾、四肢屈伏、背向而踞的卧虎为底座，虎背上各立一只长腿昂首引吭高歌的鸣凤，背向而立的鸣凤中间，一面大鼓用红绳带悬于凤冠之上。通体髹黑漆为地，以红、黄、金、蓝等色绘出虎斑纹和凤的羽毛。全器造型逼真，彩绘绚丽辉煌，既是鼓乐，也是艺术佳作。值得一提的是，在这一凤与虎的组合形象中，凤高大轩昂，傲世苍穹，虎却矮小瑟缩趴伏于地，反映了楚人崇鸣凤、向往安详的意识和征服猛兽，不畏强暴的精神。

战国龙凤纹盖豆

出品　湖北省博物馆
尺寸　26厘米×20厘米×24厘米

全器分盖、身两部分，呈椭圆形，短柄。豆盘两侧有附加的方形浮雕大耳。盖顶及双耳均采用仿铜的浮雕工艺。盖顶浮雕三条蟠龙；方耳的内外侧、两旁及顶部正面，均浮雕出龙纹装饰，龙或大或小或缠或绕，或首尾相接，或一首变身。头、目、嘴、角、鳞均刻画入微，各具形态，若隐若现，犹如浮动于云彩之中，极为生动。全器造型典雅，色彩鲜艳，纹饰繁缛，图案绚烂，具有极高的艺术价值。

战国龙蛇座莲花盘漆豆

出品 湖北省博物馆
尺寸 15.6厘米×14.4厘米×24.5厘米

  漆木龙蛇豆为战国中晚期的盛食器,由盘、座、底三部分构成。此器最精妙之处在于,以盘踞于方形圆角壁状底板上的回首衔蛇蹲龙雕塑为座,以两只龙角、两只龙爪、一条龙头为支点,托起长方形圆角花口浅盘,整器因此而显得稳重大方又轻盈剔透。该器采用传统手工漆雕技法与现代彩绘工艺完美结合精制而成,具有造型奇特、工艺精湛、色彩丰富等特点,是馈赠亲友、居家装饰、收藏之佳品。

彩漆木盘 仿制件

出品　湖北省博物馆
尺寸　15.6厘米×14.4厘米×24.5厘米

东周先秦时期是髹漆工艺的一个发展高峰，湖北出土了大量漆木器，这些漆器装饰华美，并且不同类别的器物彩绘以不同的纹饰为主题，纹饰题材丰富，有动物纹样、植物纹样、几何纹样等；纹样繁复多变，有写实的，也有变形夸张的。色彩绚丽，多以红、黄、黑为主色调。此彩绘漆盘采用了本馆馆藏漆木器文物中具有代表性的凤鸟纹和云纹图案，更加突显其文化底蕴和欣赏价值，使产品的实用性和艺术性得到完美的融合。

彩漆鸳鸯盒

出品　湖北省博物馆
尺寸　20.1厘米×12.5厘米

彩绘木雕小坐屏 仿制件

出品　湖北省博物馆
尺寸　56.3厘米×16.5厘米

元青花四爱图梅瓶 仿制件

出品　湖北省博物馆
尺寸　42厘米×23厘米

  梅瓶小口外撇，短颈丰肩，圈足平底。瓶身肩部饰凤穿牡丹；腹部分别绘王羲之爱兰图、陶渊明爱菊图、周敦颐爱莲图、林和靖爱梅、鹤图；下部饰仰覆莲纹，三层纹样以卷草纹、锦带为界。色彩白釉泛青，青翠艳丽，是元代青花瓷器中的珍品。该器由景德镇制瓷名师根据原件精心高仿而成，其造型、纹饰风格、青料发色为典型元青花特征，是不可多得的标准器和珍品。

出品　湖北省博物馆
尺寸　35厘米×23厘米×9厘米

　　这套青花十二月令花神杯杯身题写有以十二个月当令花卉为主题的咏赞诗句，杯底有"大清康熙年制"的楷书款，将诗、画、书法等多种艺术形式与瓷器工艺完美结合。

清青花十二月令花神杯 仿制件

中山舰

舰模

出品　武汉市中山舰博物馆
尺寸　74厘米×22厘米×42厘米

　　此模型依照中山舰原尺寸缩小，比例为1∶100。中山舰作为中国近代历史的重要见证，具有特殊的历史价值。它历经"护国运动"、"护法运动"、"广州蒙难"、"中山舰事件"和"武汉保卫战"等一段段荡气回肠的光辉历程。此款模型整体上还原了中山舰，具有很强的教育和实用价值。

雕龙玉璧

工艺品

 仿制

出品　宜昌市博物馆
尺寸　7.4厘米×2.8厘米×0.4厘米

　　以馆藏雕龙玉璧为原型制作的和田玉仿制工艺品。

文房用品

全省博物馆文创产品精选

文房珍宝

出品　湖北省博物馆

尺寸　39.2厘米×27.5厘米×10.5厘米

办公套盒系列

出品　辛亥革命博物馆

尺寸　笔筒：8厘米×8厘米×12厘米
　　　镇尺：2厘米×3厘米×22厘米
　　　名片夹：10厘米×6厘米×1厘米

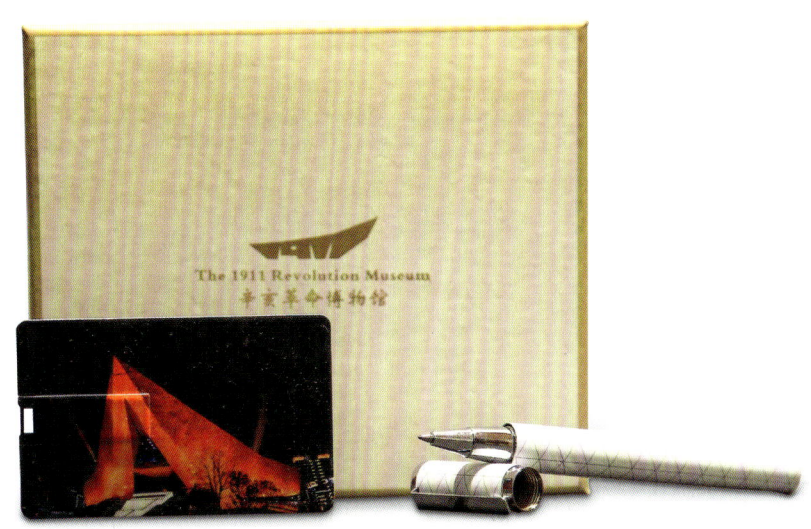

办公套装

出品　辛亥革命博物馆

尺寸　外包装：13厘米×15.5厘米×2厘米

　　　U盘：8.5厘米×5厘米

　　　钢笔：1.5厘米×14.5厘米

　　　办公桌收纳盒：20厘米×8厘米×9厘米

木嵌金属笔筒

出品　湖北省博物馆
尺寸　13厘米×7.5厘米×7.5厘米

编钟笔筒

出品　湖北省博物馆
尺寸　7厘米×7厘米×9厘米

竹笔筒（圆形）
出品　武汉市革命博物馆
尺寸　9厘米×16厘米

方笔筒
出品　武汉市革命博物馆
尺寸　8厘米×11.5厘米×8厘米

"首义之城"笔筒
出品　辛亥革命博物馆
尺寸　7.5厘米×7.5厘米×10.5厘米

《共和之基》青花瓷笔筒三件套

出品　辛亥革命博物馆

尺寸　笔筒：7.5厘米×20厘米

　　　笔洗：31厘米×8厘米

　　　笔架：3厘米×15厘米×3.5厘米

文创笔系列

出品　湖北省博物馆
尺寸　14.4厘米

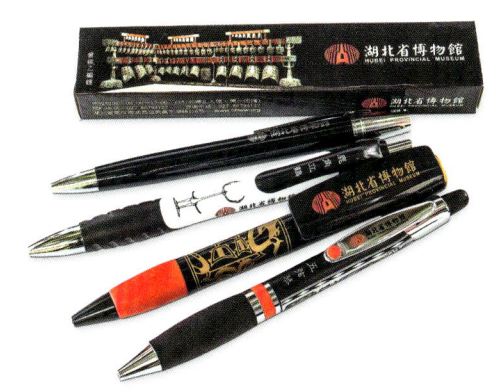

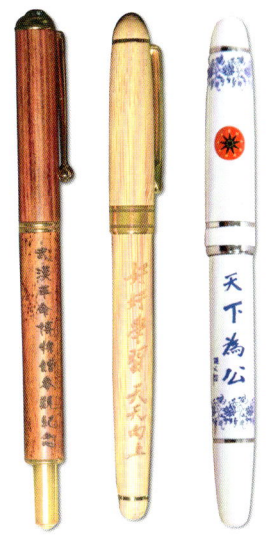

笔

出品　辛亥革命博物馆
尺寸　1.5厘米×14.5厘米

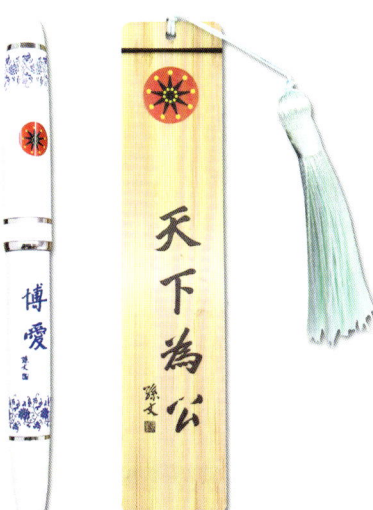

孙中山书法烤瓷笔书签组合

出品　辛亥革命博物馆
尺寸　"天下为公"直尺长20厘米

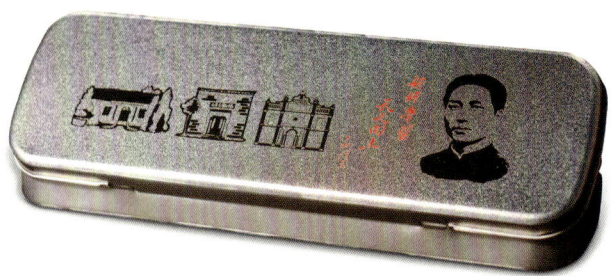

笔盒

出品　武汉市革命博物馆
尺寸　20厘米×6.5厘米×2厘米

笔盒

出品　武汉博物馆
尺寸　9.5厘米×8.5厘米

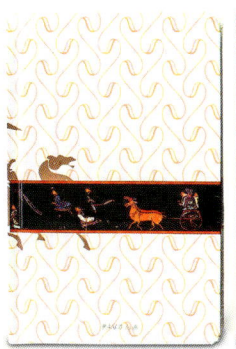
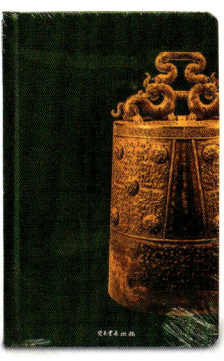

缤纷记事本系列

出品　湖北省博物馆

尺寸　15.5厘米×12厘米

记事本

出品　武汉市革命博物馆
尺寸　11厘米×18厘米×3厘米

仿古笔记本

出品　武汉市中山舰博物馆
尺寸　15厘米×20厘米

记事本

出品　辛亥革命博物馆
尺寸　21厘米×16厘米

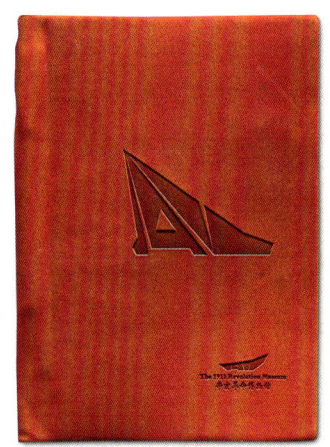

线装本手账本

出品　荆州博物馆
尺寸　21厘米×13.5厘米

越王勾践剑书签

出品　湖北省博物馆
尺寸　10厘米×0.9厘米

一见钟情链条书签

出品　湖北省博物馆
尺寸　28厘米

越王勾践剑木质书签

出品　湖北省博物馆
尺寸　14.5厘米×2厘米

四爱书签套装

出品　湖北省博物馆
尺寸　20厘米×16.8厘米

萌宠书签

出品　湖北省博物馆

虎座凤架鼓

战国晚期

尺寸　135.9厘米×134厘米

楚国独有的打击乐器。由双虎、双凤、扁鼓和底座组成，两只昂首卷尾、背向而踞的老虎卧伏于六条相互缠绕的蟒蛇底座上，虎背上各立一只长腿、昂首、背向而立的凤鸟，中间的扁鼓悬于凤冠之间，其下两只幼虎承托鼓身。这是目前发现最为精美的虎座凤架鼓。

人骑骆驼灯

战国时期

尺寸　19.2厘米×8.9厘米

也称人骑骆驼手擎灯，是2400多年前楚国照明用具青铜灯。铜灯由豆形灯和人骑骆驼两部分组成，造型别致。在长方形平底座上站立一只昂首垂尾的双峰骆驼，一人双脚后夹端坐于驼身，双手稳稳在握住一圆形灯盘的灯柱。整个青铜雕塑制作精巧，底座、骆驼、人物与灯柱、灯盘浑然一体，驼背上的人举重若轻，似擎一顶华盖，其重心设计极为科学合理，是楚国青铜器中的精品。

彩绘猪形盒

战国时期

尺寸　43厘米×15厘米×20厘米

　　彩绘猪形盒呈扁圆形，由盖与器身相扣合而成。器身由两只身体相连的小猪组成，每一只小猪都微微张口、面露微笑，呆萌可爱且灵气十足。以两块整木雕琢而成，两端雕成猪首，周身用红漆绘成变形云龙纹，下有四足屈膝各朝两端，盒内髹红漆，盒外髹黑漆，并用红、黄漆彩绘卷云纹、勾连卷云纹等纹样。盖内侧和底部有"*"形的刻划符号。

彩漆木雕梅花鹿

战国时期

尺寸　107.5厘米×42.5厘米×37厘米

　　鹿身为整木雕成，头上插真鹿角。其腿部有一方孔，可能用来插小木鼓。鹿的四肢蜷曲，昂首凝望，神态自若，造型逼真。鹿在我国古代人民的心目中是吉祥美好的象征，表达了人民对幸福生活的向往和期盼。

鸳鸯漆形盒

尺寸　20.1厘米×12.5厘米×16.5厘米

　　器身雕刻成鸳鸯身体的形状，上面用红漆描绘出羽毛的纹饰，鸳鸯的颈下有一个圆柱形的榫，头部由此插入器身后，还可以自由旋转，鸳鸯的尾部平伸，翅膀上翘，双足作蜷卧状，形象十分生动。全身以黑漆为地，彩绘图案与颜色因不同部位而异。颈部与腹前朱绘鳞纹，填以小黄圈，翅部、尾部饰红、黄点相间的曲折纹带，并以绳纹与线纹分隔成若干区。

牛形钮

　　这件牛形钮铜盖鼎，立耳鼓腹，圆底近平，下有3个蹄形足，配有2件铜钩。盖面除中心的活环外，盖近缘处有等距离立着的3个牛形钮饰，它们形体健硕，神态憨厚，线刻的牛毛细微生动，为庄重的鼎身增加了活泼的意趣。

书签

出品　荆州博物馆
尺寸　周长20厘米

  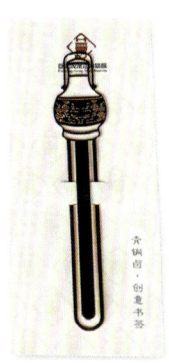 

书签

出品　盘龙城遗址博物院
尺寸　10.7厘米×2厘米

喜字花轿书签

出品　武汉博物馆
尺寸　5厘米×3厘米

手工麦秆书签

出品　武汉博物馆
尺寸　16厘米×5.8厘米

"博爱"书签

出品　辛亥革命博物馆
尺寸　4厘米×8厘米

"首义之城"书签套装

出品　辛亥革命博物馆
尺寸　24厘米×20厘米

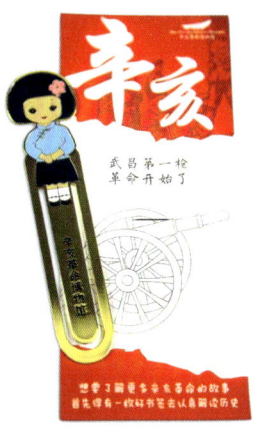 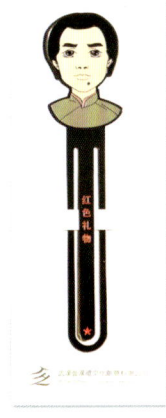 

书签

出品　辛亥革命博物馆

尺寸　2.5厘米×10.5厘米

书签

出品　武汉市革命博物馆

尺寸　3厘米×13厘米

"逢考必过"书签

出品　长江文明馆

尺寸　6厘米×3厘米

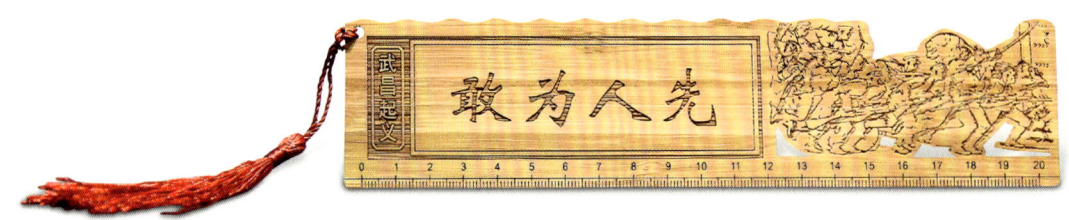

"敢为人先"尺子

出品　辛亥革命博物馆

尺寸　长20厘米

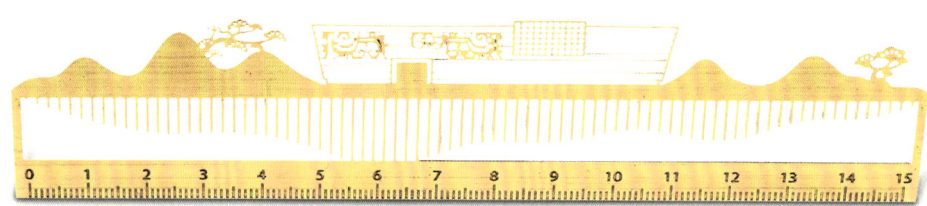

"峡尽天开"金属尺子

出品　宜昌市博物馆

尺寸　16厘米×3厘米×0.5厘米

文具

出品　武汉博物馆
尺寸　19厘米×4厘米

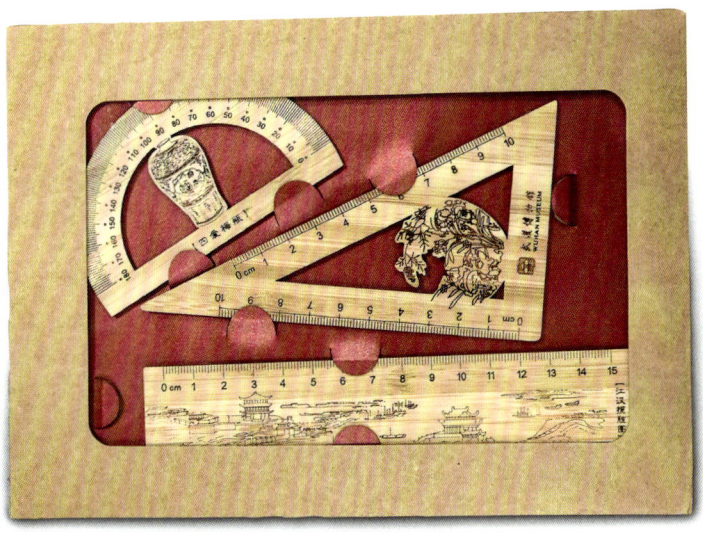

文具

出品　武汉博物馆
尺寸　23厘米×16.4厘米

文具

出品　辛亥革命博物馆

尺寸　15厘米×3厘米×8厘米

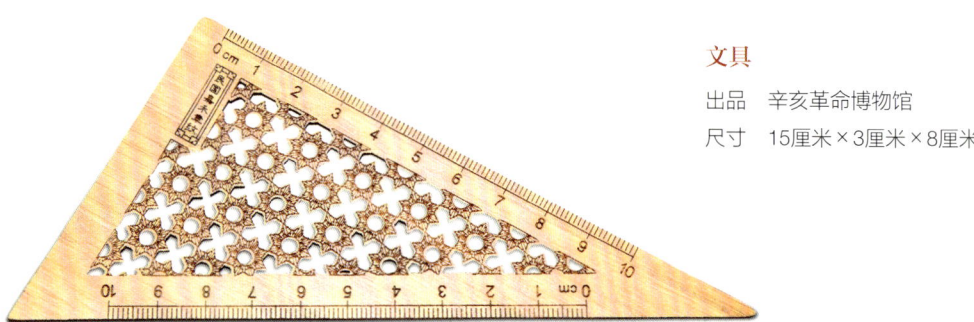

文具

出品　辛亥革命博物馆

尺寸　15厘米×3厘米×8厘米

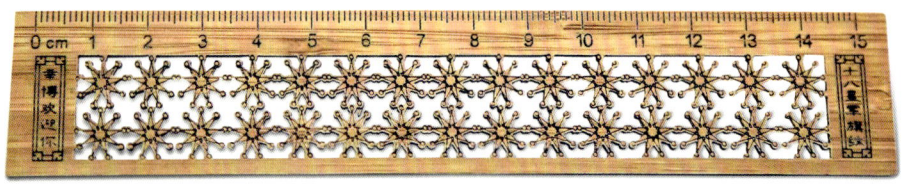

文具

出品　辛亥革命博物馆

尺寸　15厘米×3厘米×8厘米

印章

出品　长江文明馆
尺寸　7厘米×4厘米

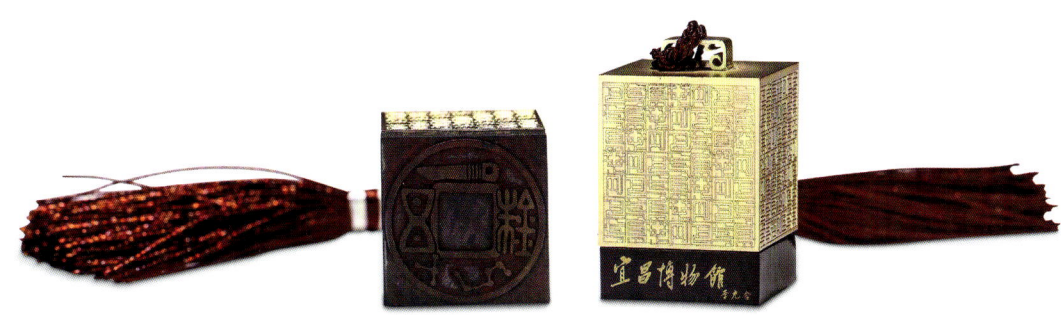

"历史之窗，宜昌之光"福印章

出品　宜昌市博物馆
尺寸　3厘米×3厘米×4.55厘米

唐崖土司城公仔——红唐、白唐福印

出品　恩施唐崖土司城遗址管理处
尺寸　8.5厘米×8.5厘米×12.5厘米

　　世界文化遗产唐崖土司城吉祥物公仔的元素提取于当地民间传说。据说当年土司皇在外遇敌受困之时，其妻田氏与侄儿覃杰正远在峨眉山。为赶去救援，二人就地取材，以青藤锯石，松针绣毛，造石马两匹，栩栩如生的石马竟活了过来。于是二人马不停蹄，日驰千里搬来救兵，最终救得土司皇。因石马立得大功，特修石马供奉如神。现在石人马元素依然存在，提取石人马元素采用童趣风格设计，设计出了漫画卡通造型印章，底部分别篆刻"福""吉祥如意"以及神兽、莲花纹样，表达了守卫唐崖古城传播土司文化使命，公仔福印上的青龙、白虎、朱雀、玄武、莲花纹样传达了土司文化的驱灾辟邪、出入平安、吉祥如意之意。使用此印，也是为家人和自己祈福。

贺卡

出品　武汉市革命博物馆

尺寸　闭合17厘米×18.5厘米

　　　打开34厘米×18.5厘米×92厘米

文件夹

出品　盘龙城遗址博物院

尺寸　31厘米×22厘米

胶带

出品　盘龙城遗址博物院

尺寸　宽5厘米

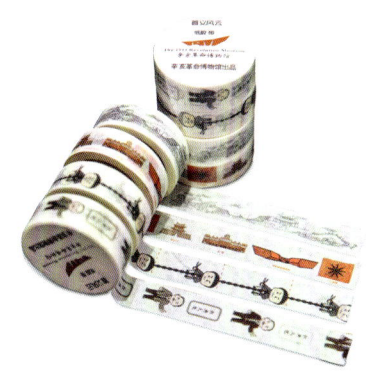

"首义风云"纸胶带（4个装）

出品　辛亥革命博物馆

尺寸　宽4.5厘米

日用百货

全省博物馆文创产品精选

非 物 质 文 化 遗 产
系 列

祛螨防霉天然香包

出品　湖北省博物馆

尺寸　17厘米×10厘米×4厘米

蒸汽眼罩

出品　湖北省博物馆

规格　楚香（10片一盒）

楚香

非物质文化遗产
系列

香囊

出品　湖北省博物馆
尺寸　3.5厘米×35厘米

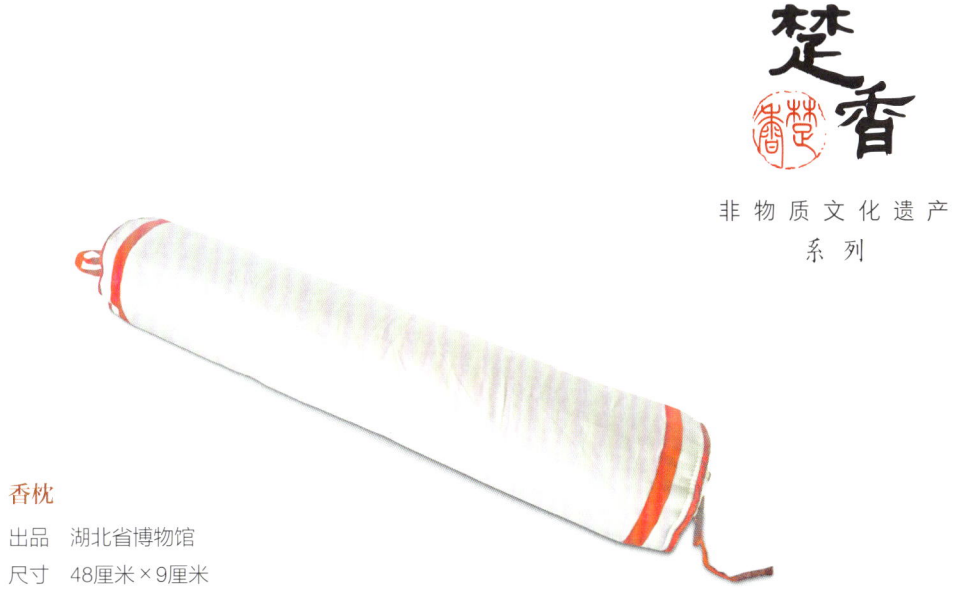

楚香

非物质文化遗产
系列

香枕
出品　湖北省博物馆
尺寸　48厘米×9厘米

"事事如意"熏香套装
出品　湖北省博物馆
尺寸　均码

非物质文化遗产
系列

文创香品

出品　湖北省博物馆
外包装尺寸　26厘米×10厘米×3厘米

　　楚香是具有浓郁地方特色的中国天然香，现已被列入非物质文化遗产保护项目。它以上药服气为根本，有强身健体、祛病避邪的功效；同时，楚香也呈现了楚地的恭敬礼仪，常用于祀先供祖，怡养情志。湖北省博物馆根据楚香的特点，结合楚地的风土人情及馆内藏品，开发了一系列文创产品，为传统的楚香注入了时尚元素。

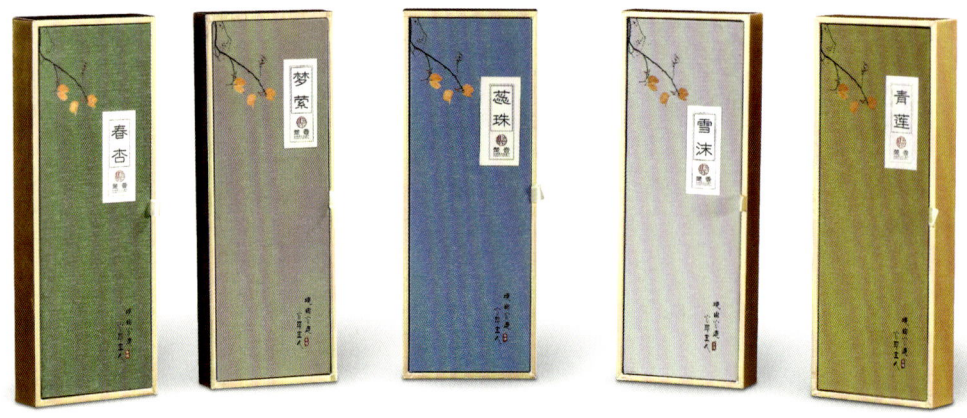

凤纹系列

凤纹茶垫

出品　荆州博物馆
尺寸　9厘米×9厘米

凤纹香包

出品　荆州博物馆
尺寸　12厘米×6厘米

凤纹系列

凤纹织锦挂轴

出品　荆州博物馆

尺寸　（单幅）120厘米×45厘米

"车马出行"系列行李牌

出品　湖北省博物馆

尺寸　均码

设计灵感来源于湖北省博物馆藏品"彩绘人物车马出行图圆奁",这件战国时期的漆奁,出土于湖北荆门包山二号楚墓。图以黑漆为底,用朱红、熟褐、翠绿、棕黄、白等多种颜色,以平涂、线描、勾点结合的技法,描绘了王室贵族纳聘迎亲的生活场景。画中的人物或昂首端立,或扬鞭催马,或急速奔跑,无不神态逼真,反映出战国时期人们的艺术品味和对生活充满热情。

设计团队根据画面主题和内容,选取了人物、车马、飞雁等特色元素,与现代出行常用的帆布包、行李牌相结合,开发出这款深受年轻人喜爱的时尚单品。

"车马出行"系列帆布包

出品　湖北省博物馆

尺寸　40厘米×34厘米

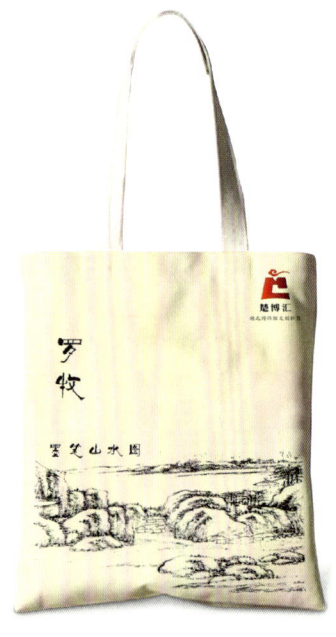

帆布包
出品　湖北省博物馆
尺寸　35厘米×33厘米

帆布包
出品　湖北省博物馆
尺寸　36厘米×33厘米

帆布包
出品　湖北省博物馆
尺寸　35厘米×33厘米

1911帆布包
出品　湖北省博物馆
尺寸　34厘米×40厘米

双吊带手提包

出品　武汉市革命博物馆
尺寸　46厘米×58厘米×10厘米

便携式手提包

出品　武汉市革命博物馆
尺寸　25厘米×17厘米

钱包

出品　武汉市革命博物馆
尺寸　10厘米×10厘米

"首义之城"背包

出品　辛亥革命博物馆
尺寸　34厘米×40厘米

眼镜盒

出品　辛亥革命博物馆
尺寸　31.6厘米×6.5厘米

帆布包

出品　武汉自然博物馆
尺寸　35厘米×42厘米

帆布包

出品　武汉自然博物馆
尺寸　35厘米×42厘米

帆布包

出品　武汉自然博物馆
尺寸　35厘米×42厘米

刺绣系列

本系列采用传统木机手织丝绸面料仿荆州江陵马山一号楚墓出土丝绸纹样，用手工绣制而成，最古老的辫绣针法，是两千年前中国古老文化艺术之再显。

绣眼镜盒
出品　荆州博物馆
尺寸　17厘米×7厘米×3厘米

绣荷包
出品　荆州博物馆
尺寸　13厘米×8.5厘米×1.5厘米

绣钱包
出品　荆州博物馆
尺寸　11厘米×8.5厘米×1厘米

绣卡包
出品　荆州博物馆
尺寸　11厘米×7.5厘米×1厘米

真丝系列

靠垫

出品　湖北省博物馆
尺寸　45厘米×45厘米

桌旗

出品　湖北省博物馆
尺寸　160厘米×30厘米

 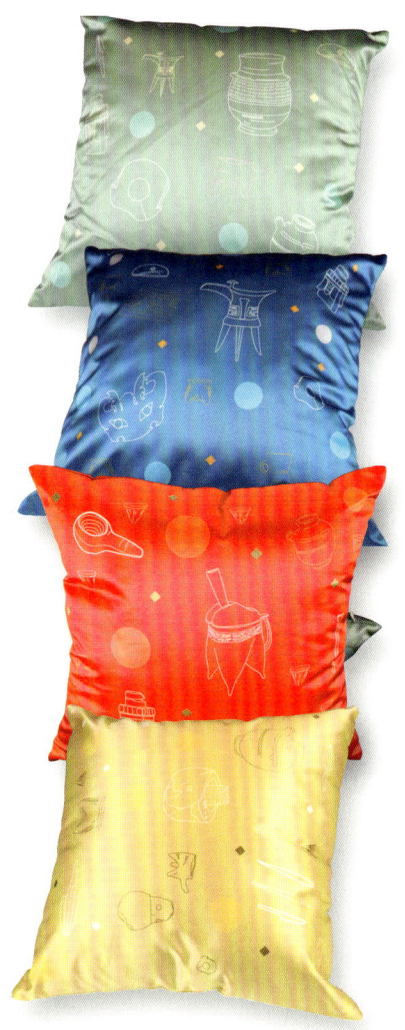

抱枕系列

出品　盘龙城遗址博物院
尺寸　45厘米×45厘米

距今一百万年的郧县人1号头盖骨于1989年在湖北郧县学梁子遗址出土。虽然出土时，头骨化石因地层堆积物挤压变形，但依然能够辨认出头骨颅顶低平、牙齿粗壮的特征。根据头骨的这些特征，"郧县人"属于直立人类型。它是湖北省首次发现的、最完整的古人类化石。

船袜
出品　湖北省博物馆
尺寸　均码

中筒袜
出品　湖北省博物馆
尺寸　均码

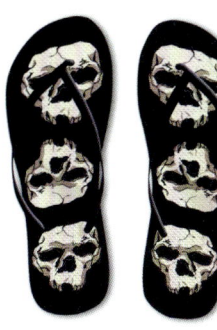 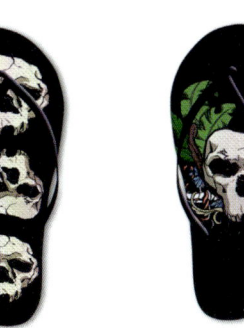 

"头头是道"
郧县人头骨化石系列人字拖
出品　湖北省博物馆
尺寸　均码

随行镜子

出品　武汉市革命博物馆
尺寸　7厘米×10厘米

零钱包

出品　武汉市革命博物馆
尺寸　7厘米×3厘米

眼罩

出品　盘龙城遗址博物院
尺寸　长15厘米

鼠标垫

出品　盘龙城遗址博物院

尺寸　长18厘米

唐三彩系列平安符

出品　武汉博物馆

尺寸　6厘米×6厘米

唐三彩系列天王卡套

出品　武汉博物馆

尺寸　6厘米×9厘米

勤俭杯

爲吏之道

审慎勤政　谨行慎言
清廉勿私　安贫乐道

出品　湖北省博物馆

勤俭杯选取湖北省博物馆馆藏国宝——云梦睡虎地秦简中"为吏之道"篇的内容，取"秦简"的同音"勤俭"归纳为吏之道的内涵，"勤"为审慎勤政、谨行慎言，"俭"为清廉勿私、安贫乐道。反映了中华民族悠久的文明和礼仪，弘扬勤俭为官之道。勤俭杯套装内含两个茶杯、一个过滤茶壶、一个茶盘和一个收纳包，是一套适合多场合使用的便携式茶具。

马克杯

出品　湖北省博物馆
尺寸　高15厘米

马克杯

出品　湖北省博物馆
尺寸　高16厘米

茶杯

出品　武汉博物馆
尺寸　6.3厘米×5.2厘米×2.7厘米

水到鱼行——楚风茶具

出品　荆州博物馆

尺寸　茶盘：34厘米×30厘米×4厘米
　　　茶壶：10厘米×8厘米×11.5厘米
　　　茶漏：8厘米×3厘米
　　　茶杯：6.5厘米×2.5厘米×8厘米
　　　公道杯：7厘米×12厘米×8厘米

该套茶具以荆州西汉墓出土之鱼纹漆耳杯为创意，寓楚风汉韵于茶道，以传承楚汉文化典雅之美。质地为婺窑玉青瓷，瓷色御表，莹润如玉。纹饰以鱼蕴含水到鱼行之意。

兽面龙纹双层杯

出品　宜昌市博物馆
尺寸　8.3厘米×11厘米

虎韵对杯

出品　宜昌市博物馆
尺寸　9厘米×14厘米×6.3厘米

　　灵感来源于战国虎钮铜錞于，虎钮演化为杯盖上的装饰，采用上等紫茄泥泥料烧制的紫砂对杯，神秘陶色诉古意，繁密金纹绘端华。

茶叶罐

出品　辛亥革命博物馆

尺寸　15厘米×9.5厘米

花瓶

出品　宜昌市博物馆

尺寸　15厘米×13.6厘米

香熏杯

出品　宜昌市博物馆

尺寸　9厘米×15厘米

"瑞猴贺岁"生肖地铁珍藏卡
出品　武汉博物馆
尺寸　24厘米×18厘米

团扇

出品　湖北省博物馆
尺寸　21.3厘米×0.9厘米×35.5厘米

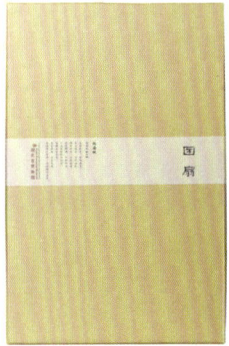

工艺扇

出品　湖北省博物馆
尺寸　21厘米×2.8厘米

"一鸣惊人"折扇

出品　湖北省博物馆
尺寸　35厘米×2.8厘米

伞系列

出品　湖北省博物馆

江汉揽胜图系列

配合"天涯咫尺——武汉博物馆藏明清书画手卷精品展"内容,开发的文创产品。以本馆明代《江汉揽胜图》轴为依托,开发具有实用、欣赏和收藏价值的文化产品。《江汉揽胜图》,画面取长江与汉水交汇的水陆情境,巍巍黄鹤楼与晴川阁隔江对峙,江上千帆竞发,岸上屋舍鳞次栉比,城墙逶迤如龙,再现了当时武汉三镇的物事风貌。画面大气磅礴,结构严谨,景物繁而不杂,虚实结合,融艺术与写实于一炉。该文创产品突出武汉地方特色,不仅用于对外交流,也适于收藏与装饰,深受中外游客的欢迎。

文件夹

出品　武汉博物馆

尺寸　35厘米×24厘米

钱包

出品　武汉博物馆

尺寸　22厘米×11厘米

雨伞

出品　武汉博物馆
尺寸　长80厘米

江汉揽胜图系列

楠木系列

编钟
出品　荆州博物馆
尺寸　13.5厘米×8厘米×2.5厘米

人骑骆驼灯
出品　荆州博物馆
尺寸　16.5厘米×26厘米×8.5厘米

楠木系列

双头猪挂饰
出品　荆州博物馆
尺寸　7厘米×4厘米×2.6厘米

　　仿战国漆木猪形酒具盒，用楠木雕刻而成。

双龙佩
出品　荆州博物馆
尺寸　13厘米×9厘米×2.5厘米

龙形佩
出品　荆州博物馆
尺寸　14.5厘米×7厘米×2厘米

编钟系列

编钟兴起于西周,盛于春秋战国,为中国古代大型打击乐器。古代的编钟多用于宫廷的演奏,为上层社会专用的乐器,是等级和权力的象征。中国是制造和使用乐钟最早的国家,湖北随州出土的曾侯乙编钟被誉为"世界第八大奇迹"。湖北省博物馆以编钟为设计元素,开发了系列产品。比如琉璃编钟挂件,以古乐钟之神魄,经一千多度高温,全程二十多道工序纯手工精制,水里来,火里去,方得宝光熠熠,晶莹璀璨。

琉璃挂件

出品　湖北省博物馆
尺寸　车挂:长35厘米
　　　车挂(小):长30厘米
　　　包挂:16厘米

茶具套装

出品　湖北省博物馆

钥匙扣

出品　湖北省博物馆
尺寸　9厘米×3厘米

十八星旗花型钥匙扣

出品　辛亥革命博物馆
尺寸　直径4厘米

　　十八星旗又称铁血旗、九角十八星旗，是武昌起义的标志。旗面为红色，象征铁血精神；十八颗星表示十八个省。红底和黑九角星象征铁血，就是说革命必须使用武力，以热血驱除鞑虏、恢复中华。

双旗纹钥匙扣

出品　辛亥革命博物馆
尺寸　3.8厘米×9厘米

钥匙扣

出品　武汉市革命博物馆
尺寸　单个：3厘米×10厘米
　　　一对：6厘米×10厘米

太阳能钥匙扣

出品　宜昌市博物馆

尺寸　5厘米×1.4厘米

太阳能量充电宝

（PVC软胶10000毫安）

出品　宜昌市博物馆

尺寸　12厘米×3厘米×9.5厘米

"暾将出兮东方，照吾槛兮扶桑"。产品以新石器时代珍贵文物"太阳人"石刻为创意来源，设计的文创产品，寓意"面向太阳，没有忧伤"。

萌宠徽章

出品　湖北省博物馆

尺寸　25.5厘米×5厘米

冰箱贴

出品　湖北省博物馆
尺寸　直径6厘米

冰箱贴

出品　湖北省博物馆
尺寸　6厘米×5厘米×0.4厘米

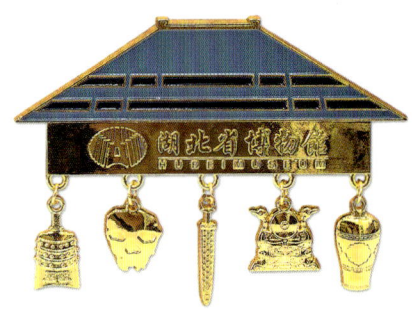

冰箱贴

出品　湖北省博物馆
尺寸　10.3厘米×7.3厘米

冰箱贴

出品　湖北省博物馆
尺寸　10.3厘米×7.3厘米

冰箱贴
出品　武汉自然博物馆
尺寸　4厘米×9厘米

冰箱贴
出品　武汉市革命博物馆
尺寸　4厘米×1厘米

建筑冰箱贴
出品　长江文明馆
尺寸　6厘米×9厘米

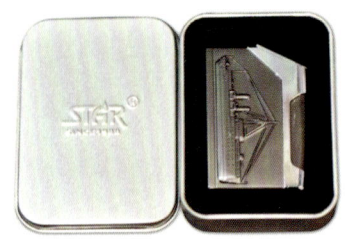

打火机

出品　武汉市中山舰博物馆
尺寸　8厘米×10厘米×3厘米

"楚季宝"扩音器

出品　宜昌市博物馆
尺寸　24厘米×10.9厘米

手机壳

出品　盘龙城遗址博物院
尺寸　长12厘米

手机壳

出品　武汉市革命博物馆
尺寸　长12厘米

手机支架

出品　盘龙城遗址博物院
尺寸　14厘米×7厘米

手机支架

出品　辛亥革命博物馆
尺寸　14厘米×7厘米

恩博礼飨系列

"西兰卡普"口罩

出品　恩施州博物馆
尺寸　17.5厘米×9.5厘米

　　以土家族"西兰卡普"的纹饰为装饰，将浓郁的土家族民族特色和传统审美与当下成为生活必需品的口罩相结合，在保证口罩的实用性同时，使口罩更具有其独特性（本产品为一次性防护口罩）。

"恩博礼飨"手提袋

出品　恩施州博物馆

尺寸　40厘米×35厘米

傩戏有"中国戏剧活化石"之称，是国家级非物质文化遗产；"西兰卡普"是土家族的一种织锦，"西兰"是铺盖的意思，"卡普"是花的意思，"西兰卡普"即土家族人的花铺盖。"恩博礼飨"手提袋从傩戏面具中寻求灵感，以土家族织锦"西兰卡普"的"阳雀花"纹饰为装饰，采用鲜明的颜色对比体现勤劳智慧的土家族人民对美好生活的热爱和向往。

傩戏面具冰箱贴

出品　恩施州博物馆

尺寸　有底座款直径12厘米以下，无底座款小于
　　　10厘米×10厘米

以有"中国戏剧活化石"之称的国家级非物质文化遗产傩戏面具为基础，对面具的形象进行生动的设计，以突出在"疫情时代"下，人们对身体健康的美好愿景。

"恩博礼飨"手机壳

出品　恩施州博物馆

尺寸　根据各种手机型号定制

以恩施土家族的"傩戏""西兰卡普"元素为切入点，配合恩施州博物馆的标志，彰显产品的民族特色和使用者的个性。

全省博物馆文创产品精选

益智遊戲

"万里茶道"飞行棋

出品　湖北省博物馆
尺寸　21厘米×19厘米

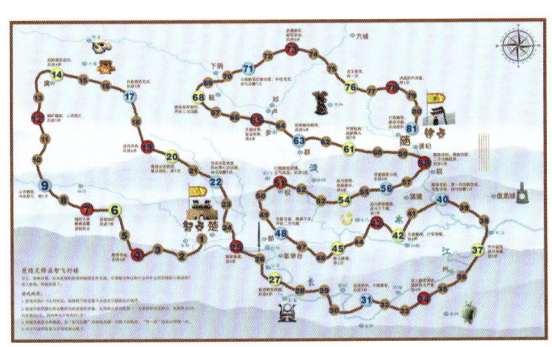
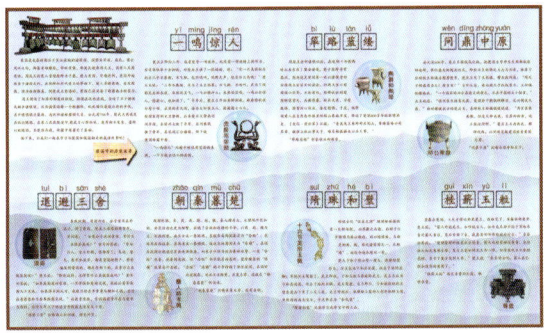

"楚随交锋"飞行棋

出品　湖北省博物馆
尺寸　21厘米×19厘米

扑克牌

出品　武汉博物馆

尺寸　包装盒：12.6厘米×9.5厘米

　　　牌：8.7厘米×6.2厘米

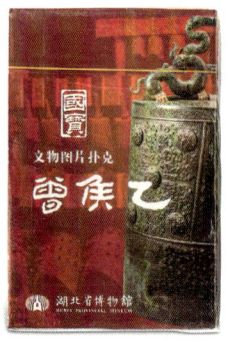  

文物图片扑克

出品　湖北省博物馆

尺寸　12.6厘米×9.5厘米

手绘拼图

出品　武汉自然博物馆
尺寸　28厘米×21厘米

文物拼图系列

出品　湖北省博物馆
尺寸　长27厘米

古代史馆场景手绘涂色

出品　武汉博物馆

尺寸　20.5厘米×12厘米

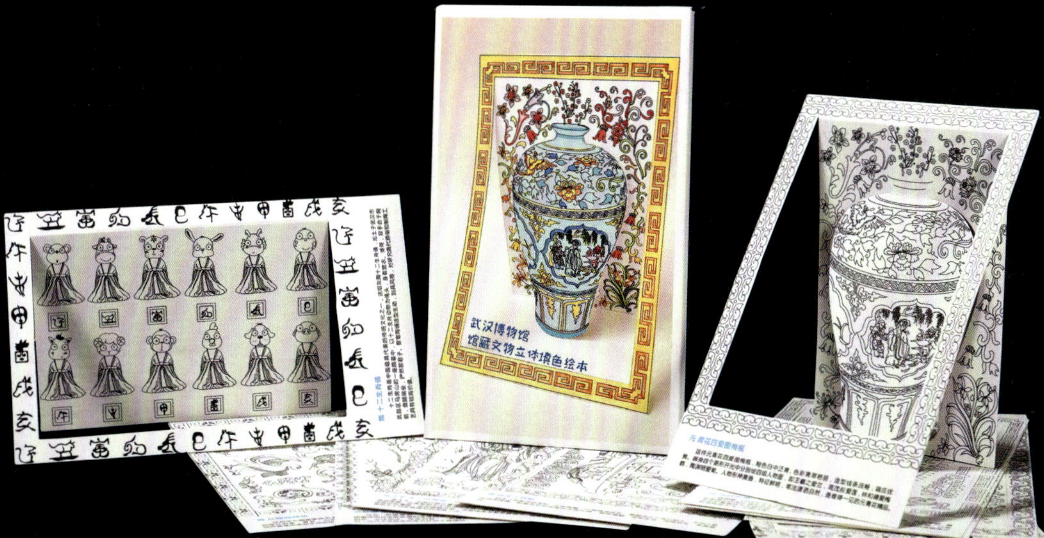

服飾首飾

全省博物馆文创产品精选

素绉缎双面蟠龙飞凤纹长巾

出品　湖北省博物馆
尺寸　175厘米×57厘米

是将文物元素与时尚元素相结合的织锦配饰，丝巾纹饰分别选取马山一号墓出土的蟠龙飞凤纹绣黄绢面衾和凤鸟花卉纹绣黄绢面棉袍，蟠龙飞凤纹以龙纹为主，凤鸟与双龙相衔，图案整体构思紧凑、充实，颜色配置协调，色彩浓艳强烈，给人以华丽之感。凤鸟花卉纹图案则以三头鸟凤和花枝组成，神异灵怪，色彩典雅。

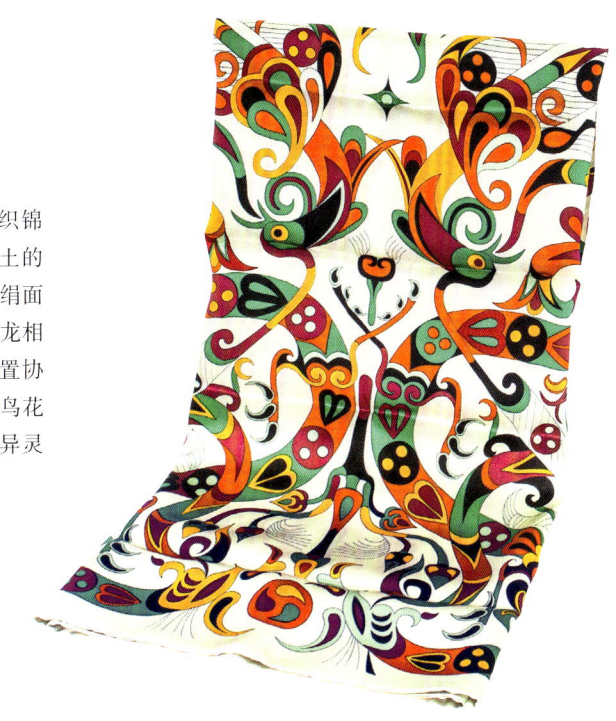

素绉缎龙凤虎纹大方巾

出品　湖北省博物馆
尺寸　170厘米×54厘米

素绉缎双面凤鸟花卉纹长巾

出品　湖北省博物馆
尺寸　170厘米×54厘米

真丝拉绒围巾

出品　荆州博物馆
尺寸　180厘米×31厘米

真丝丝巾

出品　荆州博物馆
尺寸　172厘米×31厘米

真丝睡衣

出品　湖北省博物馆

尺寸　S-L

真丝睡袍

出品　湖北省博物馆

尺寸　均码

真丝披肩

出品　湖北省博物馆

尺寸　均码

真丝睡衣

出品　荆州博物馆

尺寸　S-L

真丝睡袍

出品　荆州博物馆

尺寸　均码

"吉至"吞口卫衣

出品　宜昌市博物馆
尺寸　均码

　　"吉至"吞口卫衣：馆藏的吞口面具具有驱邪避灾的寓意，将其艺术化处理成精美图案，色彩鲜明亮丽，运用在卫衣上，时尚又个性。国潮风的图案，趋吉辟邪的寓意，所有美好"吉至"。

"吉至"吞口短袖
出品　宜昌市博物馆
尺寸　均码

"吉至"吞口口罩
出品　宜昌市博物馆
尺寸　均码

　　"吞口·吸财"口罩：馆藏的吞口面具具有驱邪避灾的寓意，将其艺术化处理成精美图案，运用在口罩上，时尚且实用。此次疫情之后，口罩成为必囤之物，吞口加之吸财避凶的寓意，让这款口罩具有爆款潜质。

虎跃生福项链

出品　宜昌市博物馆

尺寸　吊饰：4厘米×2厘米

曾侯乙一见钟情系列

出品　湖北省博物馆

尺寸　耳饰长47厘米，吊饰长23厘米

一"剑"钟情项链

出品　湖北省博物馆

尺寸　周长40厘米

越王剑菱形纹系列首饰
出品　湖北省博物馆
尺寸　周长40厘米

越王剑同心圆系列首饰
出品　湖北省博物馆
尺寸　吊饰直径6厘米

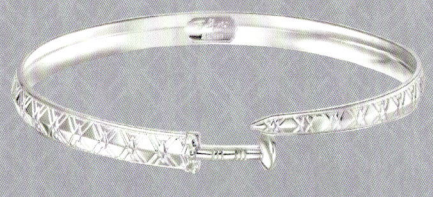
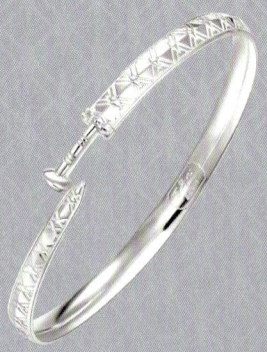

越王勾践剑银手镯

出品　湖北省博物馆
重量　女镯16克；男镯29克

越王勾践剑一见倾心系列

出品　湖北省博物馆
尺寸　耳饰48厘米，吊饰23厘米

剑矛遇见系列剑款

出品　湖北省博物馆
尺寸　耳饰长剑款长69厘米，
　　　短剑长61厘米，吊饰23厘米

钟爱一生系列首饰

编钟项链

出品　湖北省博物馆
尺寸　周长40厘米

编钟系列

出品　湖北省博物馆
尺寸　耳饰长49厘米，吊饰长29厘米

编钟耳环

出品　湖北省博物馆
尺寸　2.5厘米×0.8厘米

太阳人首饰系列

圆形A款

出品　湖北省博物馆
尺寸　吊饰直径12厘米

圆形B款

出品　湖北省博物馆
尺寸　吊饰直径12厘米

太阳形首饰

出品　湖北省博物馆
尺寸　吊饰直径11厘米

藝術飾品

全省博物馆文创产品精选

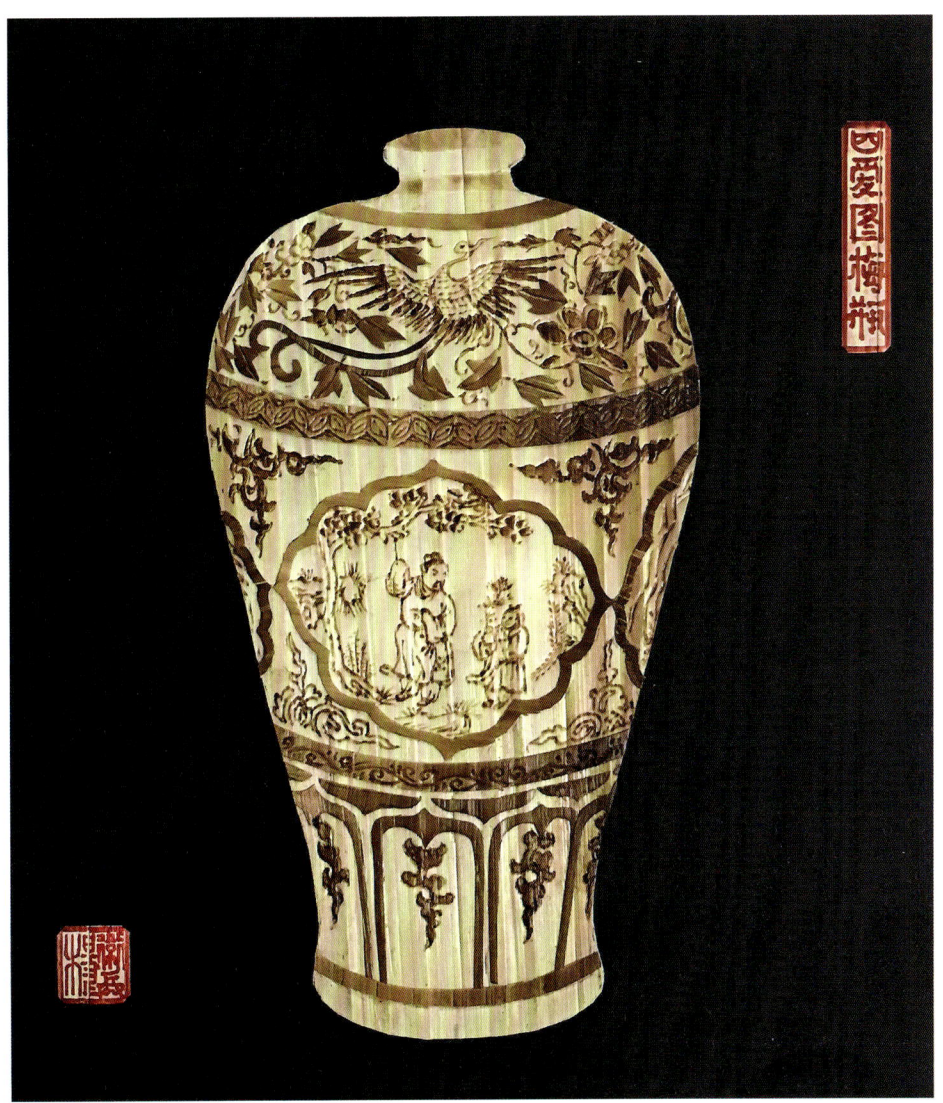

梅瓶麦秆装饰画

出品　武汉博物馆

尺寸　35厘米×35厘米

路漫漫瓷板画

出品　武汉博物馆

尺寸　48厘米×48厘米

《江汉揽胜图》真丝轴手卷
出品　武汉博物馆
尺寸　140厘米×44厘米

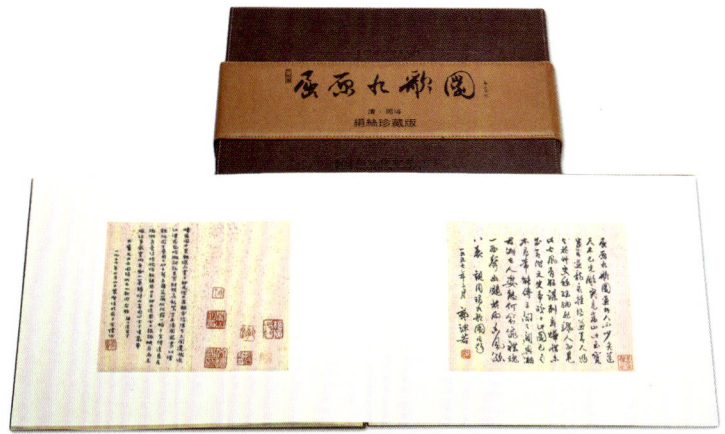

屈原九歌图收藏图册
出品　武汉博物馆
尺寸　32厘米×24厘米

孙中山书法真丝汉绣

出品　辛亥革命武昌起义纪念馆
尺寸　42厘米×150厘米

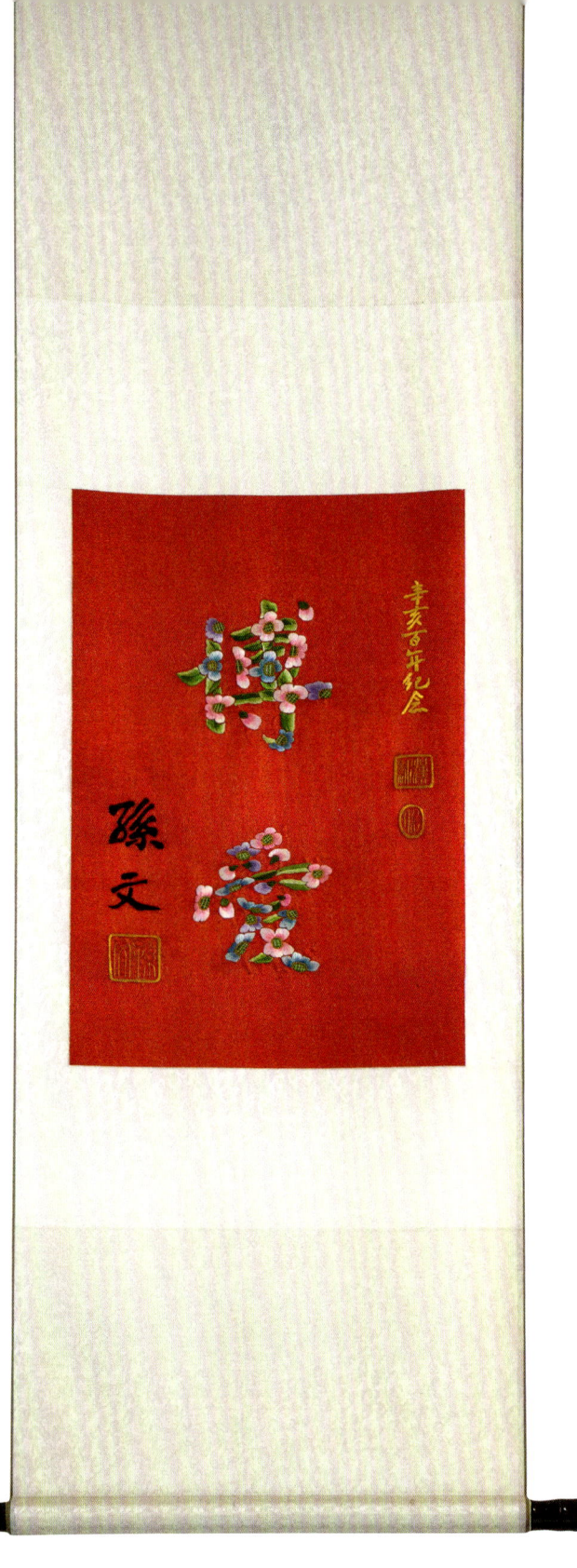

铜钱祥福如意

出品　武汉博物馆

尺寸　43厘米×4.5厘米

铜钱元宝

出品　武汉博物馆

尺寸　27厘米×18厘米

铜钱帆船

出品　武汉博物馆

尺寸　55厘米×15厘米

摆件系列

出品　荆州博物馆

尺寸　展示架：30厘米×33厘米

　　　罗汉：7.5厘米×3.5厘米×1.5厘米

　　　楠木福禄寿：3.5厘米×7厘米×1.5厘米

　　　楠木大财主：10厘米×7.5厘米×4.5厘米

　　　楠木小财主：2.5厘米×3厘米×1.5厘米

水晶摆件
出品　武汉市中山舰博物馆
尺寸　7厘米×7厘米×7厘米

水晶八音盒
出品　武汉琴台钢琴博物馆
尺寸　9.5厘米×7.5厘米×10.5厘米

手摇立式钢琴音乐盒
出品　武汉琴台钢琴博物馆
尺寸　2.6厘米×8.8厘米×13.4厘米

全省博物馆文创产品精选

食品

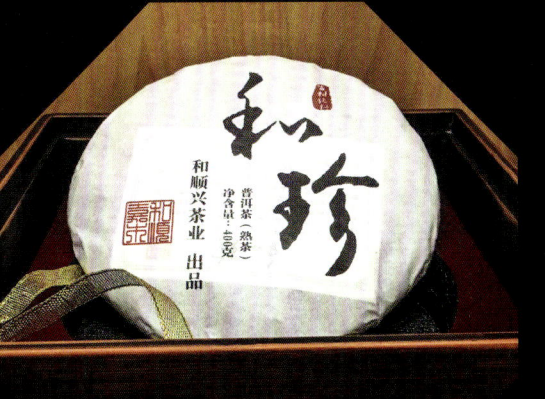

江汉揽胜茶砖

出品　武汉博物馆

净含量　400g

万里茶道系列砖茶

出品　湖北省博物馆

净含量　1700g

礼乐钟磬绿豆糕

出品　湖北省博物馆

净含量　230g

云梦睡虎地秦简饼干

出品　湖北省博物馆

净含量　140g

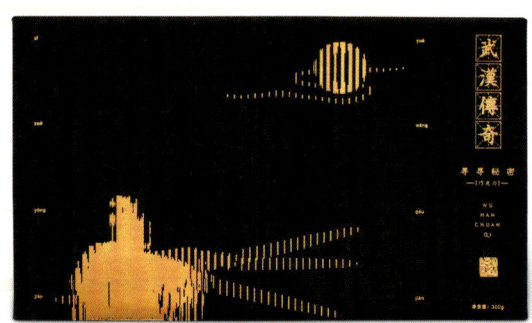

越王勾践剑考古巧克力

出品　湖北省博物馆

净含量　300g

汉水1906瓶装水

出品　湖北省博物馆
净含量　500ml

矿泉水

出品　武汉市中山舰博物馆
净含量　300ml

白酒

出品　武汉市中山舰博物馆
净含量　500ml

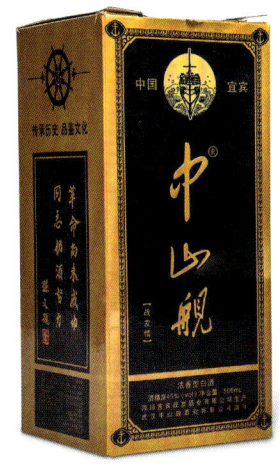

印刷出版物

全省博物馆文创产品精选

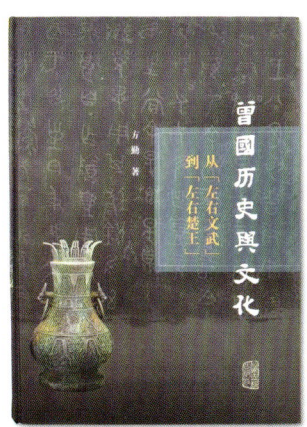

《曾国历史与文化》

出品　湖北省博物馆

《走进湖北省博物馆》

出品　湖北省博物馆

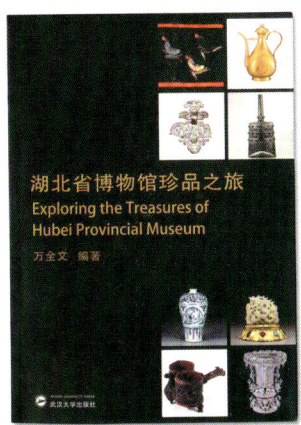

《湖北省博物馆珍品之旅》

出品　湖北省博物馆

《曾侯乙》

出品　湖北省博物馆

"曾国历史与文化"系列丛书

出品　湖北省博物馆

《沙漠草原上的自由生命》　　**《亚洲季雨林的巨兽》**　　**《百年中山舰百问》**

出品　武汉自然博物馆　　　　出品　武汉自然博物馆　　　　出品　武汉市中山舰博物馆

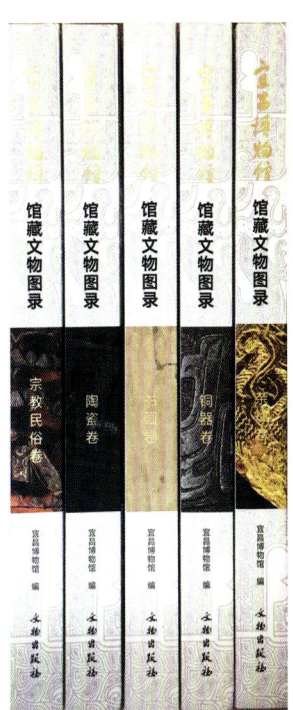

《宜昌博物馆馆藏文物图录》
系列丛书

出品　宜昌市博物馆

《宜昌博物馆馆藏文物图录·陶瓷卷》

出品　宜昌市博物馆

《宜昌博物馆馆藏文物图录·书画卷》

出品　宜昌市博物馆

12枚版世遗唐崖个性化邮票——森林咸丰

出品　恩施唐崖土司城遗址管理处
尺寸　26.5厘米×29厘米

世遗唐崖个性化邮票

出品　恩施唐崖土司城遗址管理处
尺寸　26厘米×15厘米

展望与思考

湖北省博物馆文创工作现状及发展思考

王 亮

（湖北省博物馆）

湖北省博物馆成立于1953年，位于美丽的东湖之滨，是湖北省规模最大、收藏和展示文物最多的综合性博物馆，是国家一级博物馆、中央和地方共建的国家级重点博物馆之一。

湖北省博物馆现有馆藏文物24万余件，尤以屈家岭、石家河为代表的史前文化系列，盘龙城和楚国、曾国文物为代表的青铜文化系列，梁庄王墓、郢靖王墓和武当文物为代表的明代精品文物系列享誉海内外。荆楚文化作为悠久中华文明的重要组成部分，湖北省博物馆一直致力于用精美的荆楚文物弘扬中华优秀传统文化，传递文化自信，通过以曾侯乙编钟为代表的特色荆楚文物传播中华礼乐文明，实现"文化振兴"，让传承"活起来"，在潜移默化中建立教化体系。依托馆藏文物，通过文博创意产品开发，延伸文化传承网络，讲好文物背后的故事，实现观众"把博物馆带回家"的愿望，借以用文化创意产品提升荆楚文化影响力，进而彰显中华文明的地位和作用。

一、湖北省博物馆文创工作现状

湖北省博物馆文创工作起步较早，20世纪80年代末，湖北省博物馆即由当时的群工部设立纪念商品销售柜台，事实上承担起了文创商品销售职能。当年文创这一理念尚未出现，博物馆的文创工作则基本以旅游商品售卖部的形式进行经营，销售的商品主要是文物复仿制品和旅游纪念品，针对的客户群体也主要是旅行社组织的旅游团，尤其是境外旅游团。

在30余年的探索中，湖北省博物馆始终将文创作为展览的延伸，作为文化传播的载体。为达到这一目的，湖北省博物馆文创商品以满足观众需求为目的，以文化传播为己任，走出"象牙塔"，步入寻常百姓家。湖北是楚文化的核心区域，历年来，经考古发掘的曾侯乙墓、包山楚墓、枣阳九连墩楚墓等出土文物众多，既有曾侯乙编钟、越王勾践剑等世界知名文物，也有大量楚文化的其他代表性文物。湖北省博物馆结合自身情况，依托馆藏资源塑造品牌形象，积极稳妥推进文化创意产品开发。先后与深圳腾讯、上海老凤祥、武汉马应龙药业、湖北楚天书局、广东亮点首饰、北京和玉缘、湖北仟吉等知名公司合作，以馆藏青铜器、漆器、玉器、陶瓷、丝织品及市县级博物馆重点文物为依托，推出了一系列独具特色的文创产品。截至目前，已累计开发文创产品千余种，分为家居生活、藩王首饰、益智游戏、传统经典等几大系列，种类涵盖了生活、学习、工艺品等多个门类。研发推出的不少产品成为湖北乃至中国对外文化交流的重要媒介。其中，曾侯乙编钟仿制件曾在习近平总书记武汉会晤印度总理莫迪时作为国礼赠送莫迪。原大的曾侯乙编钟仿制件不仅在人民大会堂等重要场所陈设，还在大陆多处重要旅游景点和台湾鸿禧美术馆展出，并在美国黑鹰博物馆常年展演。

随着社会的发展，党和国家对博物馆工作越来越重视，湖北省博物馆文创工作与时俱进，加快发展，尤其是2016年湖北省博物馆作为首批全国文化文物单位文化创意产品开发试点单位以来，湖北省博物馆加强与社会力量深度合作，力争做到优势互补、互利共赢，充分利用社会资源，尤其是加强与产品研发创意人员、营销人员的合作，做到专业人做专业事，拓宽文化创意产品开发投资、设计制作和营销渠道，加强文化资源开放，促进资源、创意、市场共享。近年来，湖北省博物馆文创工作又迈上了一个新的台阶，无论是文创产品开发种类还是销售收入都居全国省级博物馆前列。

（一）重点打造编钟乐舞这一特色文创品牌

中国是礼乐之邦，礼乐制度是中国传统文化的根基，作为礼乐重器的曾侯乙编钟蕴涵有丰富的礼乐文化思想，是公元前5世纪中国璀璨文明的代表。湖北省博物馆从确定复制编钟的那一天起，即开始组建编钟乐团，不断加强编钟乐团建设，在馆内建设编钟演奏厅，在为观众提供音乐盛宴外，还承担了国家和湖北的文化交流任务，先后接待了数百位中外国家领导人，欣赏湖北省博物馆编钟演出的观众超过百万，逐步打造了"千古绝响——曾侯乙编钟音乐会"这一深具湖北省博物馆特色的文创品牌。

近年来，湖北省博物馆进一步强化编钟乐团建设，将其作为湖北省博物馆文创工作的拳头产品向外推出。在编钟乐团品牌打造方面，湖北省博物馆主要做了以下三个方面的工作。

一是加强对曾侯乙编钟的学术研究，在依托本馆成立的编钟研究院的同时，加强与武汉音乐学院等艺术院校及诸如谭盾等知名音乐人的合作，集合馆内外音乐、考古方面的专家先后编创了20余首古曲、10余段舞蹈，将《我和我的祖国》《欢乐颂》《友谊地久天长》等中外名曲搬上舞台，吸引了大量海内外游客到馆观看。其中，2016年编排新曲目7首，2017年内重点打造了编钟乐舞《梁祝》《千古绝响》，2018年推出了《剑舞》。借助剧场美学展现荆楚礼乐，以曾侯乙编钟为主要乐器，配上磬、建鼓、悬鼓，加以埙、筝、琴、排箫、笙、阮、篪等乐器组成了一个完整的"殿堂乐队"，形成八音和鸣的震撼场面，辅以乐舞进行组合表演，使观众在作品中同时领略到楚乐之美、楚舞之美、楚器之美。2018年，习近平同印度总理莫迪共同参观欣赏湖北省博物馆编钟演出。2019年助力武汉马拉松和第七届世界军人运动会演出，进一步扩大了品牌效应。

二是加强编钟乐舞延伸产品研发。为扩大编钟乐团影响力，湖北省博物馆先后开发了原件编钟演奏的CD及曾侯乙编钟的DVD、CD-ROM，年均销售近万张。为深挖编钟乐团的延伸效益，利用现代科技手段赋予编钟乐舞新的内涵，湖北省博物馆还推出了编钟乐舞AVR产品，使编钟乐舞变得更加形象生动，更易于年轻人接受，也更好地推广了编钟文化，该产品获2017年厦门海峡两岸文创博览会"最佳人气奖"。

三是加大走出去的工作力度。在做好馆内演出的同时，湖北省博物馆编钟乐团还走出博物馆，先后参加了1997年香港回归庆典、国庆35周年庆典及日本东京国际音乐节、美国旧金山黑鹰博物馆庆典演出等多项活动，所到之处获得了各界人士的一致好评，为扩大中国礼乐文化的影响向世界呈现了一张靓丽的文化名片。

（二）加强数字创意产品工作

数字创意工作必将是今后博物馆文创工作的重点，为此，湖北省博物馆投入人力物力，加强研发，稳步推进该项工作。

2015年，湖北省博物馆结合馆区空间特点编制了"小木屋公共文化空间"项目的企划方案，设计制作了2款"文物拼图"数字游戏、2本电子书和一款以国宝鹿角立鹤为原型的体感游戏。这些具有教育意义的媒体内容丰富了观众的参观体验，让湖北省博物馆"小木屋"成为一个可以游戏的乐园。

湖北省博物馆还创作了中国首部考古主题动画片《曾侯乙》，本片共展示了包含9件国宝在内的32件珍贵文物，通过2D与3D相结合的方式，将曾侯乙墓中的场景进行360度展示，是一部名副其实的少儿版"古墓探秘"。与中国教育电视台"博物馆之夜"栏目合作，通过进行在线首播，观众可以通过"爱奇艺"网站观看这部动画片。该片获首届中国考古学大会公共考古奖（金铧奖）。

2016年10月1日，在观众资源数据库分析结果的指导下，由湖北省博物馆自主研发的"掌上智慧博物馆应用程序"付费项目正式上线投入使用。这是一个包含了导览、馆藏精品、在线教育、娱乐和交流功能的大数据平台。2017年，该款产品得到全面提升，现已拥有超过2万余名付费用户，3万余名注册用户，开创了文化资源有偿使用的新模式。

为推动湖北省博物馆的数字创意文创进一步深入发展，湖北省博物馆承办了2018"数字创意产业发展重大行动计划研究"研讨会。中国工程院院士、中央电视台总工丁文华，中国工程院院士徐志磊，中国科学院院士闻邦椿等20余位国内著名的数字创意方面的专家学者参加会议。

在全国2017年度文化文物单位文化创意产品开发扶持申报工作中，全国批复了69个项目，湖北省博物馆与数文科技等两家公司合作申报的"互联网+曾侯乙编钟文创产品的创新性开发和经营示范项目"等两个项目均获立项。在2018年国家文物局"互联网+中华文明"项目评选中，湖北省博物馆"湖北省博物馆科普资源数据库（青少版）"入选。

2018年，湖北省博物馆在数字文创工作方面投入进一步加强，尤其注重与知名互联网企业的合作，将音乐与文物元素植入游戏之中。2018年11月，与腾讯公司合作，打造编钟国乐版《风一样的勇士》，将湖北省博物馆的编钟音乐植入《地下城与勇士》游戏中。目前，正在与巨人网络洽谈《征途》游戏开发15周年编钟乐曲的编创合作，利用曾侯乙编钟复制件演奏其主题曲。近年来，湖北省博物馆与腾讯的合作进一步向纵深发展，在腾讯的各类游戏中开展文物元素植入工作。联手腾讯推出《云裳羽衣》手游，通过换裳手游植入湖北省博物馆馆藏元青花四爱图梅瓶元素，在法国卢浮宫举行了首发仪式，引发社会各界关注；2019年，又将鹿角立鹤植入了腾讯推出的《一起来捉妖》手游；下一步，越王勾践剑等湖北省博物馆馆藏知名文物也将在腾讯的手游中体现，让游戏不再是单纯的娱乐工具，更多文化元素的植入提升了腾讯手游的文化底蕴，又起到推广传播传统文化的功用，实现博物馆文创社会教化功能，达成合作双赢。

（三）文创经营多元化

充分发挥各类市场主体作用。广泛引入社会力量参与研发、生产、经营等活动，湖北省博物馆目前与社会企业的合作形式大体有以下四种。

一是限量复仿制，如越王勾践剑、元青花梅瓶等，由湖北省博物馆自主经营。越王勾践剑经过多年的市场检验，适销对路。目前湖北省博物馆销售的青铜版越王勾践剑分两种：一种是限量复仿制生产的具有收藏价值的带编号剑，每年限量复制99把；另一种为无编号剑，满足一般消费者需求。

二是委托开发，由湖北省博物馆代销的文化创意产品。湖北省博物馆和相关企业一起研究提炼馆藏文物元素，由专业公司进行设计。如委托湖北楚天书局开发生产"车马出行图"挎包、文物系列胸章等。对委托开发的产品，湖北省博物馆在政策上予以扶持，确保开发的可持续性。

三是依托湖北省博物馆现有场域与企业合作开办咖啡屋、水吧、纪念章销售等配套服务设施。针对这些配套服务设施，湖北省博物馆始终按照高标准要求，加强管理，确保服务质量，为观众参观提供环境优雅的小憩场所，更好地体现了博物馆的社会服务功能。

四是专区展示推广。博物馆的文创工作不能单纯追求经济效益，更重要的是要担负起推广传播中华优秀传统文化、革命文化、社会主义先进文化的职能。为此，湖北省博物馆与武汉市非遗文化传播有限公司合作，设立非遗传承人作品展示销售专区。与武汉传统手艺人联盟"守艺人"合作，开发了一系列包括木雕、拓片书签、漆器、茶具等在内的荆楚特色鲜明的传统手工艺产品。

（四）完善文化创意产品营销体系

1. 创新推广营销理念

以博物馆实体店为基础，以点带面，推广文创产品，现已与多家省级博物馆建立了商品销售业务关系，形成了较为完善的线下销售网络。目前，湖北省博物馆文创产品在中国国家博物馆、南京博物院、吉林省博物院、辽宁省博物馆、伪满皇宫博物院及湖北省内恩施州博物馆、黄石市博物馆、荆州博物馆等兄弟馆均有销售。

2. 加强线上销售工作

因政策所限，湖北省博物馆始终未能成立具备独立法人主体资格的经营性公司，始终不能在天猫、淘宝等线上渠道申请开设湖北省博物馆官方旗舰店。为此，一方面，湖北省博物馆只能借船下海，目前湖北省博物馆已与中国文物交流中心、北京鲁迅纪念馆签订战略合作协议，联合打造文创品牌，已启动与京东商城的线上合作前期工作。另一方面，湖北省博物馆也通过授权的模式，允许部分经过湖北博物馆考核并有长期合作经验的商家在天猫、淘宝等线上代理销售部分与湖北省博物馆联合开发的文创产品。

3. 充分利用社会资源

博物馆自身的销售渠道有限，也无法投入大量资金建立自己的营销渠道。为此，湖北省博物馆加大引入社会力量、建立营销渠道工作力度，如与广东亮点珠宝公司合作，利用其已有的银行网点等销售网络，将以越王勾践剑元素为题材创作的系列首饰推向社会。与北京华信国玉公司合作，通过其公司的销售渠道将玉质越王勾践剑推向市场。与湖北工行合作，建设楚文化主题银行，联合开发基于云梦睡虎地秦简的"吏有五德"银质书签等产品，在工行湖北全省网店铺开销售。与武汉地铁集团合作，推出联名地铁卡，在武汉所有地铁站进行推广销售。这些合作突破了博物馆自有销售渠道的限制，充分利用社会资源，极大地拓展了湖北省博物馆文创产品的销售渠道。

（五）加强版权保护，推进授权开发销售，实现文创开发模式的新突破

博物馆的文创商品要想真正走进千家万户，实现让人们把"博物馆记忆"带回家，达到文创推广传播的目的，仅仅依靠博物馆自己的渠道是不可能的，博物馆面对的观众毕竟有限，尤其是像湖北省博物馆这样的省级馆，线下观众一年也就200多万，线上关注人群也有限，如何通过授权开发销售进一步拓展博物馆文创商品受众群体是湖北省博物馆一直在探索与尝试的方向。

授权工作要开展首先就要有权可授，因此，强化版权意识，加强版权保护，进而通过授权开发、生产拓宽博物馆文创新的发展通道是湖北省博物馆近年来一直在做的一项重点工作。2017年，湖北省博物馆对馆名、徽标进行了商标注册，注册品类涵盖日用品、首饰、文具等十几个大类，数百个小类，实现了博物馆商标保护有法可依，授权工作有据可施。

除了商标注册保护外，独立知识产权的获得也是湖北省博物馆近年来工作的重点。馆藏文物作为一种社会文化遗产，其本身是不受知识产权保护的，任何社会团体和个人都可以利用文物形象、纹饰等开展文创工作，实现文化的传播与推广，这也是博物馆应该鼓励与支持的。那么，博物馆应该如何利用自身资源优势开展知识产权保护工作呢？湖北省博物馆近年来加大发掘馆藏资源，结合2016年开展的第一次全国可移动文物普查，对馆藏文物进行了一次全面梳理，对部分珍贵文物开展了三维建模等工作，建立了数字化的文物信息资源库，取得了一批具有独立知识产权的成果，下一步将利用现有成果，面向社会提供知识产权许可服务，促进文化资源社会共享和深度发掘利用。

近年来，湖北省博物馆在充分考察企业实力与销售渠道基础上，择优选择了一些省内外知名企业开展授权合作。2017年，湖北省博物馆与广东亮点珠宝合作开发金银类首饰，目前已推出曾侯乙编钟系列、梁庄王系列首饰一百多种，即将湖北省亮点公司的近百家销售点上市。2018年，湖北省博物馆与北京华信国玉合作，授权开发玉质越王勾践剑系列，由华信公司在全国范围内发行销售，市场反应良好。本地消费市场也是湖北省博物馆关注的重点，2018年，湖北省博物馆与湖北省知名食品企业仟吉公司合作，强强联手，授权开发了国宝系列糕点，年底在仟吉公司数百家门店全面上市，受到了广大消费者的一致好评。2020年，湖北省博物馆又与省内著名药业集团马应龙药业达成合作，联合推出八宝眼霜系列产品，于年底上市销售。

（六）加强体制机制创新，建设激励机制促进文创工作发展

长期以来，受政策所限，湖北省博物馆在文创经营方面缺乏激励机制，产品研发、销售缺乏动力。近年来，在国家相关政策的支持下，湖北省博物馆陆续出台了一些激励政策，一是鼓励馆内非在编人员进行产品研发、销售、推广，二是鼓励合作企业加大新品开发力度，目前来看效果较为显著。

（七）积极推广，提升湖北省博物馆文创工作影响力

2016年以来，为提升业界影响力，宣传在文创领域的成果，湖北省博物馆拓展文创工作领域，承办、参加了多项展会，获得了多个奖项，取得了良好的社会效益。

2016年6月，湖北省博物馆承办了"全国文博单位文创产品联展"，获国家文物局颁发的"全国博物馆文化产品示范单位"荣誉称号、中国博协文创专委会2016年度突出贡献奖。

2017年，在省文物局领导下，由湖北省博物馆牵头组建了湖北博物馆文创联盟，整合全省博物馆资源，以湖北省博物馆为主导，全省博物馆和相关文化企业、高校参与。采用授权经营模式，促成全省文创产品的分类研发和联合销售，打造湖北文创产品的研发、交流、合作的平台。2017年12月由湖北省博物馆牵头首次以湖北博物馆文创联盟名义参加了广州文博版权交易博览会，得到中国文物交流中心肯定，获得"最佳展示奖""十大优秀文创产品创意奖"等4个奖项。

2018年，湖北省博物馆牵头成立的湖北文创联盟在福州博博会亮相，推出了近百种湖北省博物馆今年开发的文创新品，受到了参展同仁和观众的一致好评，获得了第八届博博会"最佳展示奖""博物馆国际交流荣誉奖"2个奖项。

湖北省博物馆先后举办了三届文创产品设计大赛，推动与文化创意设计机构、高等院校、职业学校的合作，提升文化创意产品设计开发水平。深入挖掘文化资源的价值内涵和文化元素，通过文创产品设计大赛共收到作品近千件，有全国150余家设计单位和个人参赛，共评选出百余件优秀文创设计作品。2017年湖北省博物馆为加强大赛作品的可实施性，配合湖北省博物馆举办的"万里茶道"临时展览举办专题文创大赛，征集作品60多件，市场反应良好。

二、湖北省博物馆文创未来发展思路

随着湖北省博物馆三期扩建工程的进行，湖北省博物馆将进一步对文创空间进行全面改陈设计、改变传统经营方式、加强产品研发力度突破同质化桎梏，以期实现湖北省博物馆文创工作质的提升。

（一）梳理馆藏资源，开发更多具有自主知识产权的IP资源，夯实授权开发基础

馆藏是核心，是文创产品的"本源"研发。但是，长期以来，各个博物馆因为人才所限，缺乏对馆藏资源梳理总结提炼，授权也就是停留在馆名和商标的授权使用上，授权工作缺乏发展后力。近年来，湖北省博物馆对馆藏重点文物进行了数字化，取得了一批独有的数据，初步建立了切实可授权的资源库。下一步，湖北省博物馆将着重联合专业院校，如湖北美术学院等高校，联合对馆藏文物元素进行提炼，形成具象的文物元素IP，拓宽可授权IP资源。

（二）文创产品开发系列化、品牌化

长期以来，湖北省博物馆文创开发虽然都是围绕馆藏重点文物展开，但因为自身研发能力欠缺，研发设计以合作公司为主，各公司侧重点不一，很难形成具有湖北省博物馆统一风格的系列化产品。下一步，湖北省博物馆将加强对馆藏文物的梳理研究，争取形成湖北省博物馆文创的主题风格，打造荆楚特色鲜明的文创产品，形成普通文创纪念品、中端伴手礼、高端文创精品等系列化产品。

（三）以新馆建设为契机，营造齐备的文创业态

目前，湖北省博物馆的文创布点受老馆所限，布点分散，配套设施不齐备，文创业态布局混乱。以新馆建设为契机，湖北省博物馆将对文创布局进行重新规划，打造围绕数字三峡展的数字文创体验区、围绕曾侯乙展的精品文创区、围绕曾国之谜展的精品首饰文创区，同时，利用人流量比较大的两馆连廊区集中设立文创自助售卖和普通文创纪念品销售区，在顶层及其他观众休息区建设品牌化的咖啡吧、书吧、茶吧，建设观众接待中心，为观众提供湖北特色的餐饮服务，争取最终形成业态齐全的文创布局，为观众提供参观学习休闲餐饮"一条龙"服务。

博物馆文创产品开发策略之我见

彭 昊

(荆州博物馆)

一、博物馆文创产品的开发意义

博物馆文创产品是博物馆文化传播的载体。它将博物馆内的丰富文化资源和历史价值延伸到产品中，赋予产品深厚的文化意义，同时，添加一些现代创意元素，以满足和适应人们不断提高的精神追求和生活品质需求。

（一）促进博物馆文化的传播，更好地实现博物馆教育推广的职能

文创产品是博物馆陈列、藏品等的衍生品，在观赏者对陈列品有一定了解后，赋予文化价值的创意产品能够加深对博物馆陈列品文化的了解，使观赏者从观赏陈列展览中得到知识传递、科学积累、艺术熏陶；同时，文创产品也是作为参观博物馆的一种特色纪念品，以可爱新颖的外观和方便灵活的实用功能，以及产品拥有的文化内涵，为纪念、收藏或送给亲朋好友的最佳产品。这样，文创产品在吸引观赏者的同时，使博物馆文化的传播范围更加广泛，让更多的人了解博物馆文化，吸取文化精髓，提高大众文化素养，丰富人们的精神文化生活。

（二）提升博物馆的社会影响力，促进社会的发展

博物馆文创产品的开发是顺应社会发展的需要。社会在进步，人们的文化素养也要不断进行提升。博物馆藏品拥有悠久的历史和丰富的文化价值，这些都是漫长历史中沉淀出来的文化精髓，需要人们认识与学习，传承与发扬。博物馆文创产品作为文化的载体，将文化深入人们的生活，在潜移默化中提高人们的文化素养，更好地促进社会的和谐、健康发展。博物馆文创产品的开发提升了博物馆的社会影响力，增强了人们对博物馆的认知，这样使博物馆能够更好地进行文化教育，传播优秀文化。

（三）解决博物馆资金问题

博物馆作为非营利性的文化宣传机构，财政主要来源是政府的扶持，长期以来博物馆一直面临着资金短缺的问题。博物馆文创产品的开发能够很好地解决这一问题。博物馆可以与一些设计企业合作，开发博物馆文创产品，吸引更多的人到博物馆参观，激起人们的购买欲，实现互利共赢。对博物馆而言，博物馆文创产品所带来的收益，不但能够减少其对政府的依赖，而且有利于自身可持续性发展。

二、博物馆文创产品的发展现状

随着社会经济的发展和人们生活水平的普遍提升，人们对博物馆也提出了更高的期望和要求。博物馆文创产品应运而生，成为博物馆文化的衍生品，加深人们对博物馆文化的认识与了解，满足人们的精神追求，在博物馆发展中发挥巨大的作用。近几年，我国博物馆的文化产业有着快速的发展，很多博物馆已经开始研发创意产品，建立了创意品商店，让人们在这些生动活泼、贴近生活、充满特色的博物馆文创产品中吸收文化精髓，传播民族特色文化。例如，故宫博物院的"朝珠耳机""皇帝折扇""花翎伞"等文化产品，巧妙地把故宫文化与现代元素结合，把蕴含着深厚历史底蕴和文化积淀的故宫文化通过文创产品让人们直接接触、感受，更能让人们把故宫文化带回家，是真正地让大众通过文创产品了解文化，学习文化内涵，提升自我文化修养并传播博物馆文化的产品。

但总体来说，目前我国博物馆的文化产业还处于起步、探索的初级阶段，基础较为薄弱，整体水平不高，与发达国家博物馆文化产业相比差距很大，主要表现在：很多博物馆对文创产业的认识不够，基本处于"一知半解"状态，缺乏深度调研了解；有些博物馆对文创产品的研发与市场"脱轨"，没有摸清消费者真正的需求；博物馆对馆藏精品的提炼程度不高，创新不足；博物馆文创产业之间联系较少，没有形成完整的文化产业链；博物馆行业缺少文化创意的专业人才和处理文创成果的经纪人；体制机制的限制等。

就文创产品研发方面博物馆自身存在的问题而言，目前，不少博物馆的文创产品存在趋同化严重的现象，这主要是由于文创产品的研发思路不清造成的。表现在缺少创意，很多文创产品开发的周期短，层次较低，仅仅是简单地将文物图案元素复制到器具上，没有进行创造与再提炼，这样造成文创产品缺乏一定的历史文化内涵，导致文化价值和纪念意义不高，无法满足人们追求的自我提升和精神需求。其次是已经提炼的文化元素的利用率较低，造成研发成果的浪费。文创产品研发后，没有后续的市场反馈和再设计、再升级，导致文化产品种类多而无序，无法形成有影响的文创产品系列。这种"有纪念品，而无创意产业，有经济效益，而缺乏艺术性和原创性的长效投入机制"现象制约着博物馆文创产业的可持续发展。

三、博物馆文创产品开发策略

（一）文创产品的开发阶段

博物馆文创产品的开发，首先，要进行市场调查，通过市场调查确定产品的使用人群，以此作为产品的设计类型、功能开发的依据。通过对使用人群的分析，到博物馆参观的人群主要以青年和老年人居多。青年人对事物有着极强的好奇心和探索心，有着对知识的追求与渴望，希望通过不断地积累知识，提高自我价值。老年人是另一种消费人群。现在的老年人，人老心不老，为了继续追求年轻时的梦想，充实丰富自己晚年生活，参观博物馆，回想当年的历史故事，再一次受到文化的洗礼与艺术的熏陶，体味那种不一样的内心感受。根据以上这两类人群进行分析，青年人想法前卫，喜欢新颖独特的产品；而老年人则喜欢怀旧，偏爱经典古老的又具有文化价值的产品。这就将文创产品分为两大类，一类是创意新奇产品，一类是纪念收藏性的文化产品。这两类人群的购买能力不大，消费水平偏低，所以博物馆针对这两类人群开发文创产品定价不宜过高。

其次，随着社会的发展，产品不仅限于满足人们的审美追求，还要将审美与功能性结合，实用性是产品的根本属性。产品的实用功能在人们提升生活品位的过程中，逐渐向小、轻、薄、多功能趋势发展。所以博物馆文创产品的开发应顺应时代发展，具有小、轻、薄、多功能的特点。另外，作为观赏后的纪念商品，博物馆文创产品还应具有易携带的特点，这样更方便博物馆文化的传播。

再次，博物馆文创产品是以传播博物馆文化为目的的产品，所以产品必须赋予深厚的文化内涵、地方特色和艺术品位。能体现文化价值的产品，必须深入全面地了解博物馆文化，包括造型、纹饰、图案、材质、工艺、功能、文化内涵、背景故事等，从这些文物的资料库中获取灵感，挑选合适的藏品作为创作素材，并从中提取文化元素，再将提取的元素直接植入或者经过巧妙转换后融合进产品中，在构思过程中可以从产品种类、特色、主题思想等几个方面着手。同时，也要充分尊重原藏品，尊重历史文化，要将实现产品的教育性放在首位，以文化为本。

综上所述，博物馆文创产品的开发主要具备以下条件：

① 具有深厚的文化内涵和地域特色；② 拥有独特的创意和新颖美观的造型；③ 体积小巧轻便，方便携带；④ 具有一定的实用价值；⑤ 价格适中，物美价廉。

（二）文创产品开发方式

博物馆文创产品开发思路的推广与交流和博物馆传承文化的博大精深一脉相承。博物馆发展文创产业的底蕴深厚，取之不尽、用之不竭，有历史的，有科技的，有人文的，还有自然科学的，相应的文创产品可以说涵盖了人类生活的方方面面。博物馆的文创产品即可以生产附加博物馆藏品外延性质的纪念品，又可以挖掘博物馆文化的内涵，提供延续博物馆展览展示内容互动参与项目和服务。同样，博物馆文创产品的开发也应是多元的。

品牌授权可能是未来的发展趋势。博物馆可与合作企业双方进行长时段的文化交流以及共同开发营销推广,可能包括共同推出系列产品、共同举办发表会及教育活动、共同面对媒体营销双方合作案以提升彼此品牌价值等等。合作品牌借助博物馆提升商品的文化价值以及自身品牌形象,并以回馈金的方式支持博物馆的自身发展。品牌授权商一般都有专业的设计力量,成熟的技术以及完善的销售推广通路,双方合作有利于市场开拓、文化推广。双品牌的合作体现出跨界结盟加值、相辅相成、互惠共赢的效果。因此,品牌授权可能会成为未来博物馆文化产品开发的重要方式之一。当然这一方式的前提是博物馆自身就具有一定的品牌知名度。在采用授权合作时,也可以将授权业务委托给专门的授权代理机构,这样将不熟悉的业务交给专业机构去进行运作,不仅可以大幅降低博物馆的运营负担,也会有效提升相关业务的专业性。另外,多馆联合、资源共享、优势互补、共同开发等也是不错的合作方式。

(三)文创产品的销售阶段

商品销售是产品实现最终使用价值的主要途径,也是视觉系统中设计意图得以实施和推广的重要载体。一个有特色的产品,若是缺少了适合的包装与陈设环境,也会变得没有特色,成为一个摆设。所以,仅有好的文创产品,是不能更好地促进博物馆文化传播的,文创产品开发的同时,需要适合的产品包装、陈列以及和谐的环境氛围和良好的服务态度,这样才能将文创产品传播文化的功能发挥到极致。

商品销售活动的第一阶段是要唤起消费者的注意。首先,商品包装通过造型、色彩上的巧妙设计,具有趣味化、直观化以及内有乾坤等多样的包装形式带给顾客以不同的视觉感受;其次,通过视觉系统将产品按种类特性的不同分别精心地摆放、陈设和展示,将每个商品的特色呈现出来,增加产品的附加值。商品销售的服务态度也很重要,友善的态度能够拉近人与人之间的距离,在情感上让顾客产生放松感与信任感,最终让购买产品的顾客体验到一种物超所值的感觉,从而使文创产品的文化传播价值得到实现。

博物馆文创产品的开发对文化的传播和社会的发展有着重大的意义,而当下我国正处于加快发展博物馆文创产品的时期,文创产品的开发策略应按照科学合理的发展流程,深入文化内涵,不断地将文化的精髓赋予在产品上,扩大博物馆文化的传播范围,提升民族文化意识和社会文化水平,促进社会健康和谐的发展。

参考文献

[1] 国家文物局博物馆司博物馆处:《"博物馆文化产品"研讨会综述》,《中国文物报》2007年10月26日第6版。
[2] 《国家文物博物馆事业发展"十二五"规划》,《中国文物报》2011年6月24日第6版。
[3] 故宫博物院官方网站:《致敬传统 创意生活——故宫博物院文创产品研发概况》,2014年11月25日。
[4] 马琳:《博物馆艺术衍生品开发研究》,南京艺术学院硕士学位论文,2013年。
[5] 熊子莹:《博物馆文化衍生产品设计分析研究》,中国美术学院硕士学位论文,2010年。

关于对武汉博物馆文创产品的思考

谭群丽

（武汉博物馆）

随着"故宫文创产品"成为热搜，人们对博物馆文创产品的开发越来越关注。近年来，武汉博物馆（以下简称"我馆"）经过实践和思考，利用博物馆的资源开发了一系列的文创产品。

一、博物馆商店

国内各大博物馆都设有自己的商店，商店的形式也多种多样，包括有"旅游商店""文物商店""外宾部"等。

我馆文创产品售卖部设置在展厅二楼的休闲区。在展厅休闲区内的柜台摆放着博物馆文创产品，包括馆藏书籍、少量的文创产品及旅游纪念品、复仿制品等。

二、博物馆文创产品开发模式

我馆文创产品的开发起步比较晚，文创产品开发主要以社会力量合作的方式来弥补解决资金不足的问题。目前我馆文创产品开发采取了三种模式。

（一）自主开发

和大专院校、社会企业合作共同开发。委托他们的设计团队根据博物馆的需求利用馆藏文物或场景完成相关的设计工作，初步（设计工作）完成后，由博物馆监督、审核通过再交给专业人员投入工厂生产。在这种方式中，生产工作和设计工作两者分开进行，来共同完成这个产品的制作过程。最后由博物馆出资买断自主销售。比如我馆的文创产品馆古代文物藏

品立体绘本、《江汉揽胜图》真丝织锦手卷、文具套盒、公交伸缩卡套、喜上眉梢梅瓶小夜灯、喜字娇子书签等都是采用自主开发的模式。其中喜上眉梢文具套盒和公交伸缩卡套比较受小朋友的欢迎。

（二）合作开发

博物馆与社会企业合作，以艺术授权的形式委托设计厂商来研发生产。在这种方式中，博物馆将藏品的版权授权给一些善于从事设计工作的人员，由他们设计出符合我馆形象的产品并由他们出资生产，按约定分成各自进行销售。我馆开发的《瑞猴贺岁》限量生肖地铁藏卡、《江汉揽胜图》精品卷轴图、《江汉揽胜图》文件夹、创意雨伞、鼠标垫等采用的这种开发模式。

（三）代销的形式

我馆目前在缺乏资金支持的情况下开发出具有实用性和艺术性的文创产品难度较大，因此我馆文创产品售卖部大部分产品采取的是这种代销形式来丰富柜台，以满足不同观众的需求。

三、博物馆文创产品开发存在的问题

从目前的运营情况来看，博物馆文创产品开发面临一些困难和问题，归纳起来有四点。
① 开发文创产品没有专项资金的扶持，没有专业的设计开发营销人员（团队）。
② 博物馆与市场对接不够，缺少文创产品营销经验，经营模式单一。
③ 开发的产品缺乏创意，有的产品仅仅把书画作品或文物的图案直接印制在手卷、明信片、文具、茶具等物品上，部分产品与旅游纪念品十分相似，实用性和创意不强。品种制作雷同，缺乏新鲜感。如书签、雨伞、明信片、卡套、鼠标垫等相似产品，缺乏创造力和想象力。
④ 文创产品缺乏资金的扶持不能大批量的生产，导致价格提高，有的产品制作粗糙不精美，很难激发观众的购买欲，导致产品积压。

我国博物馆文创产品开发在理念、资金、开发渠道、营销方式等方面还有很多问题需要思考和解决，但我们也看到了许多博物馆在文化产品开发和营销中做出卓有成效的成绩，积累了许多宝贵的经验。因此随着经济的发展、社会的进步，人民群众物质生活水平的不断提高以及博物馆开放力度的不断加大，我省旅游业的快速发展，博物馆文化产品开发事业将会有跟广阔的天地。

博物馆衍生产品开发思路的研究
——以武汉市中山舰博物馆为例

熊 超

（武汉市中山舰博物馆）

博物馆衍生产品是指博物馆根据消费者的需求，对自有文化资源（包括人力资源、馆藏文物资源、建筑及博物馆LOGO等资源）进行开发、设计、借用、延伸，最终呈现出来的产品。衍生产品作为博物馆文化宣传的新方式，近几年处于蓬勃发展阶段，衍生产品包含了博物馆历史文化元素，对其销售有利于传播文物所承载的历史文化信息，还可扩大博物馆对外的影响力。很多优秀的衍生产品在市场上销量可观，成为网红产品；但是也有些衍生产品的销量也不尽如人意，湮没无闻。可见，衍生产品开发设计的质量好坏是决定成败的关键因素，需要消费者的认可和信赖。产品价廉意味着成本低，投入少，材质工艺没有保障，产品品质则会下降，消费者如果将其买回家，粗制滥造的文创产品很难达到文化传播的目的。因此，博物馆衍生产品需要层次化定位，满足不同消费水平的观众需求。博物馆管理人员应对衍生产品开发的重要性要有充分认识，并积极采取措施解决发展过程中出现的瓶颈问题。

一、博物馆衍生产品开发设计的意义

（一）有利于充分发挥博物馆的宣传教育功能

博物馆蕴含着深厚的历史文化，不仅是游客休闲娱乐的场所，还是面向公众开放的教育机构。通过参观博物馆，能够增强游客对历史文化的体验感，从而产生历史认同感，达到寓教于乐的目的。

博物馆衍生产品作为博物馆机构的重要组成部分，承载着博物馆所要传达的文化精神。对博物馆衍生产品的开发，就是对文物背后的文化精神的再一次表达与传播，据此充分发挥博物馆的教育功能。

（二）有利于促进博物馆对文化资源的研究和利用

博物馆衍生产品的另一个显著特点就是将历史文化元素与现代工艺相互融合，优势互补。博物馆衍生产品的开发设计绝不是对历史文物的照搬照抄，而是艺术融合，取长补短。博物馆衍生产品的开发需要设计人员深度挖掘馆藏品资源、馆藏文化内涵，然后将其设计制造、转化成具有现代艺术价值的衍生产品。可见，博物馆文化资源是进行衍生产品开发的基本素材，衍生产品开发有利于促进博物馆对文化资源的充分研究和利用。

（三）有利于提升博物馆的传播力和影响力

衍生产品的销售不仅仅面向参观游客，还面向社会各界。蕴含当地历史文化元素的衍生产品有利于弘扬中华优秀传统文化，让文化传播走向全国各地。文创产品的销售不仅传播了文化，还提升了博物馆的影响力和知名度，从而吸引了更多游客到当地博物馆进行参观。

近些年来，武汉市中山舰博物馆一直注重衍生产品的开发，以中山舰文物及其核心文化内涵为出发点，设计相应徽标以及具备中山舰文化特征的衣物、小饰品，可谓将中山舰文化元素渗透到生活细节的方方面面。这些携带中山舰文化载体的物品，增强了全国各地游客对"中山舰"文化的了解，更好地宣传了武汉。"大江大湖大武汉，一代名舰在江城"的口号通过衍生产品这条无声的渠道走进千家万户，提升了博物馆的传播和影响力。

二、博物馆衍生产品开发设计目前存在的问题

（一）博物馆衍生产品开发缺乏创新性

根据调查研究显示，目前博物馆文创产品主要有高端纺织品、图书、服饰、家具、创意纪念品这几种类型。大多数的衍生产品创意不足、形式单一、同质化严重，消费者的购买欲因此大打折扣。同时，很多图书、服饰、小纪念品等衍生产品的设计都是将文化元素直接复制到上面，很少对文化元素进行消化加工，从而影响了衍生产品的创意与美感。除此之外，一些衍生产品的材质也比较粗糙、缺乏质感，这种劣质的衍生产品，无法体现历史文化的厚重内涵，很难吸引消费者的目光。

（二）博物馆衍生产品缺乏文化性内容

博物馆衍生产品是传播博物馆核心文化和扩大博物馆影响力的新方式。衍生产品是文化精神的载体，同时也是一种商品，具备商业性质。一般而言，商业性的加强会对商品本身的文化内涵带来负面影响，其生产目的更多的是盈利，而非文化传播。文化创意产品脱离创作源泉，游客买到的博物馆衍生产品将会严重缺乏文化内涵，这将与博物馆作为历史文化宣传、教育机构的理念背道而驰。博物馆藏品的信息梳理与研究是博物馆文创不同于普通工艺品的核心所在，有规划的博物馆会积极收集本馆藏品的全部知识信息。在全面搜集藏品信息

的基础上，对其进行深度研究和梳理往往能激发创作灵感，让创作者挥洒创意，以独特创新的方式传达文物的核心内涵。

（三）博物馆衍生产品的质量有待提升

在博物馆衍生产品开发的初期阶段，产品的质量普遍较高。随着参观博物馆的游客与日俱增，博物馆的衍生产品逐渐受到社会各界追捧，产品销售数量逐步增加，博物馆为满足市场需求，会加大生产数量，产品质量或多或少都会有所下降。同时受一定盈利观念的影响，衍生产品商业化现象会开始加强，盈利观念的影响会导致产品质量出现滑坡。游客将衍生产品买回家多半是因为对博物馆文化的认同。衍生产品出现不实用、易坏等状况，将会大大打击游客对衍生产品购买的积极性，衍生产品达到文化传播的目的将会受挫。同时，一些衍生产品质量较差，设计缺乏审美，吸引力的减少，其销量将大打折扣。

三、博物馆文化创意产品开发设计发展思路和方法

（一）创新文化产品的设计思路

博物馆衍生产品的创意不是一成不变的，需要设计人员对文物所蕴含的文化内涵进行创新性转化。目前最常见的文创设计方式是将文物上的元素直接复制到日用品中，这种方式已经不能适应当下游客的欣赏水平。因此，我们要将博物馆的文化内涵进行再创作，从而嫁接到新的载体上，生成具备本馆特色的博物馆衍生品。如台北故宫博物院的创意胶带《朕知道了》，其将文化元素进行创意拼贴和嫁接，最终构成了具有趣味性与时尚性兼具的文创产品。中山舰博物馆以中山舰为原型，取材其舰体设备、颜色等特征，设计了一款"中山舰笔记本"，该设计融合了中山舰的各项元素。色彩上，笔记本融入了中山舰体的青灰、绛红、白条三种中山舰舰体的标准色，水线的标注与圆形的舰窗相互融合，还原了中山舰舰体的实体现状。形状、线条、色彩的碰撞，使得整个笔记本的外貌与中山舰相得益彰。窗内百年前中山舰缓缓驶来，黑白照片散发着年代感，述说着一代名舰的前世今生。

（二）挖掘文物历史内涵，提升衍生产品内在价值

博物馆文创产品具有一定的商业性质，很多开发者被物质利益冲昏了头脑，很容易忽视文创产品的内涵价值。这样的文创产品既没有文化依据，又没有质量保证。因此，博物馆文创工作者应树立以馆藏资源为本的开发原则，深度挖掘文化内涵，从弘扬优秀中华文化传承精神的角度去开发产品。

（三）增强衍生产品的实用性、欣赏性，激发购买欲望

衍生产品多以服饰、日用品、文化用品为主，博物馆文创工作者在进行产品设计时应增强产品的实用性、欣赏性。富有文化内涵，实用性强，又具有欣赏性的衍生产品更能吸引消

费者的眼球，从而激发购买的欲望。

武汉市中山舰博物馆为了让观众将博物馆的印记带回家，与中山舰笔记本配套开发了"孙宋中山舰合影"纪念章。该章将武汉市中山舰博物馆唯一一张孙中山携夫人宋庆龄在中山舰与官兵的合照作为创作主题，融入时下流行的"盖章打卡"文化，让中山舰文化事迹烙印在观众的个人用品上，把中山舰文化"带回家"。

（四）探索新型的博物馆管理方式，融合更多的力量开发衍生产品

博物馆文创产品开发和设计需要资金、技术、人才的支持，仅仅依靠博物馆自身理想是无法实现的。因此，博物馆应探索新的管理方式，吸引更多的社会力量参与到文创产品开发设计中来。社会力量参与能够有效解决博物馆资金不足的问题，也能为博物馆衍生产品设计开发提供可行性意见。如武汉市中山舰博物馆，在刚开馆时采用文创授权的形式与社会力量进行合作，将文物图像、商标授权给公司，监督其对衍生产品的设计，从而解决博物馆资金、人才不足的问题。

（五）充分利用互联网资源和平台，促进博物馆经营方式的革新

随着互联网技术不断发展，网络资源平台成为博物馆发展新阵地。文创产品仅仅依靠线下销售是远远不够的，其很难实现影响力的快速扩大。互联网平台作为新兴的销售平台，值得博物馆借鉴和使用。同时，博物馆还可以通过互联网与其他博物馆进行沟通和交流，促进合作意向的达成。应用互联网资源和平台有利于提升产品的宣传力度，促进博物馆经营方式的革新。

四、结语

衍生产品的开发是博物馆对外宣传方式发展的结果，也是博物馆实现可持续发展的重要途径。在实际开发过程中，如果文化创意开发缺乏创新性，将很难吸引消费者的目光。因此，博物馆的文创人员应积极探索文创产品的开发思路。首先，应转变文化创意的设计思维，促进设计方式的创新。其次，充分挖掘博物馆的历史文化，提升文创产品的内涵价值，也能增强文创产品的实用性和欣赏性，激发游客的购买欲望。最后，探索新型的博物馆管理方式，融合更多的社会力量开发衍生产品。还应充分利用互联网资源和平台，促进博物馆经营方式的革新。

参考文献

[1] 周坤、刘勇：《浅谈博物馆文化创意产品开发设计发展思路》，《教育观察》2017年第13期。
[2] 曲怀仁：《当代博物馆文创产品设计的问题与改进设计研究》，《文化创新比较研究》2018年第17期。
[3] 爱新伯骥、周雅琴：《探索地方博物馆文创开发的创新设计新思路》，《包装工程》2018年第20期。
[4] 赵璐：《论新时代的博物馆文创产品开发设计的创新思路》，《大众文艺》2018年第19期。
[5] 宋峥嵘：《对博物馆文创产品开发的思考——以河北省为例》，《文物春秋》2017年第4期。

浅谈武汉自然博物馆文创的策划设计思路

丁振国　夏宇诚

（武汉自然博物馆）

武汉自然博物馆常设展览"大河之旅 生命之歌"，以大河为背景，生命为主题，贝林捐赠标本为基础，通过长江对话世界大河为布展理念，围绕大河、生物、人类的重点内容，充分利用近3000件古生物、动植物标本和现代多种展陈手段，展示大河相关的地学背景与河流自身的生命史，世界代表性大河的生物多样性、联系性与差异性，以及生态系统演替与生命演化的自然规律，从而唤起人们进一步关注大河、热爱大河、保护大河的意识。展品涵盖大量珍稀古生物标本。

游客走进序厅，会被陈列的一具长达24米的马门溪龙骨骼化石以及一根长37米、根部直径2.7米的硅化木吸引。在参观完整个展厅后也会被品类繁多的标本和科学的陈列布局所折服。但是就是这么丰富的动植物标本，刚开始却为我们文创开发带了困惑。是紧紧围绕马门溪龙和硅化木做文章？还是围绕丰富的馆内标本开发产品，深思熟虑之后发现二者都不行，即使产品得到游客的喜爱和市场的认可，因其不具备我馆的独特性和辨识度，开发的产品放在任何一家自然类博物馆甚至动物园都不觉得违和，这对于一个馆内文创产品的开发而言无疑是失败的。基于此，我们考察了自然类博物馆和动物园开发的产品，再结合我馆的实际情况确定了文创产品开发的三个方向。

一是根据我馆的常设展览布局，以大河流域的自然分布为基础绘制了整个自然场馆的插画，插画构图布局几乎完全还原现实场景，游客在欣赏自己拍照带来美好回忆的同时，也可以领略绘画带来的别样之美。这一类素材主要运用在书籍、科普教育、手帐、文具等文创产品的开发上。

二是策划"一'鹿'陪你"主题系列产品。此方案是根据常设展览确定的产品开发方向。因为游客在参观时，会发现途经的每一条大河流域都有鹿的身影出现，"鹿"全程陪伴游客参观每个展厅，所以我们取"路"的谐音"鹿"表达这一美好寓意。结合之前我们为湖北省博物馆策划的"一'剑''钟'情"方案取得成功（取自湖北馆知名度最高的越王勾践剑和曾侯乙编钟）。并以此美好的"鹿"寓意为核心设计理念，重点开发诸如首饰、丝巾、节日礼品等产品。

三是动物文案系列。我们根据动物的特点和其具备的风格策划了几个不同的方案：如环保主题的"能看穿山，却看不穿人心"（穿山甲）；诙谐主题的"我的远房亲戚都被你们做成了阿胶"（藏野驴）；诗词搞怪系列的"是非成败转头空，青山依旧在，我却成了钙"（马门溪龙）等，此系列的文创是我们根据动物的特性和文案创作不同风格的产品，开发产品的方向是手办、明信片、书签等。

以上三个策划方案是对武汉自然博物馆前期的文创产品开发的主题方向，简单地谈一下每个方案的初衷想法。

① 艺术来源于生活而高于生活，随着科技的发展，随手拍已经成为人们出行在外记录生活的一种快捷表达方式，我们规避场景实景照片直接运用在产品上，这样做的好处是使产品具有独特性、艺术性以及更高的辨识度。而不是简单的贴图，让游客觉得产品做得如此敷衍。

每家博物馆的展览布局都是唯一的，尤其是自然类博物馆，场馆的陈列布局更是有效区分同类型博物馆的最大标志，在场景陈列上做好文章，是有效提升产品辨识度和独特性最便捷的一种方法。

② "一'鹿'陪你"系列产品主要是从方面考虑，上文已经提及过关于本馆展陈布局的特殊性——鹿伴随着游客参观的始末。第二点是结合第一点的基础上，我们发现现如今游客对于购买礼品基本都有选择困难症，既要求产品具有美观性，又要兼顾实用性，更要产品本身表达美好的祝愿和寓意。基于此，本系列产品结合煽情的文案以及精美的包装便可有效解决这一需求。

③ 动物文案系列产品是本馆针对文创产品开发的一项大胆尝试和创新，可以说是艺术创作。自然类馆不仅要给游客带来参观的愉悦，我们也想让每位游客记住本馆的不同类型动物的特性，来激发他们探索自然科学的兴趣以及对环保的意识，单从文创角度而言我们开发文创产品的目的不仅仅是让消费者将其作为商品的固有价值，更是想借助文创产品让消费者理解我们赋予在产品上的寓意和内涵，当然这也是每一位文创工作者想通过产品达到的社会责任。通过某种特定的文案使游客记住对应的动物，如果他们能自发地通过自己的媒介传播出去，这不仅仅是对产品本身的认可，更是对武汉自然博物馆在文创方面工作的肯定，最终形成一种良性循环。

明确了文创产品的开发方向，后期的产品设计以及研发工作就可以顺利开展，在开发过程中我们还可以根据市场的需求逐步完善和做出调整。以上就是本馆近期文创产品开发的方向和思路。

浅谈博物馆跻身文化及相关产业中的文化软实力打造

——结合宜昌市博物馆文创开发初探

阮晓雨

（宜昌市博物馆）

随着文化体制改革的深入推进，我国文化及相关产业的具体内涵不断丰富和调整。2018年，文化及相关产业的概念定义完善为"为社会公众提供文化产品和文化相关产品的生产活动的集合"，类别结构包括9个大类、43个中类、146个小类。一些新的文化业态还在不断涌现并逐步成为推动我国文化产业发展的新兴力量。其中，博物馆文创就属于文化核心领域第2大类"内容创作生产"和第3大类"创意设计服务"的结合产物，即"有文化内容的创意商品"。纵观博物馆文创狭义和广义的内涵，其文化衍生品、原创展览展示、原创教育活动和其他创意项目在文化及相关产业的核心领域和相关领域多有分布。根据2012年至2018年文化及相关产业发展数据显示，逐年增长的产值和国内生产总值（GDP）占比均反映出该产业蕴藏的深厚潜力。特别是近年来国家政策的引领扶持使博物馆文创业显现出兴盛态势，这是基于行业使命需求和文化服务能力的要求，促使博物馆人以观念与方法的转型实现可持续发展。

2020年9月28日习近平总书记的讲话再次振奋了文博界！他在中共中央政治局第二十三次集体学习时强调，要高度重视考古工作，努力建设中国特色、中国风格、中国气派的考古学，这是对从事文物保护和文化传承的文博工作者提出的新要求，亦为致力于文化传播的博物馆文创业界同仁共勉。

一、博物馆是国家文化软实力提升的硬核驱动

随着物质生活的丰富，人们精神文化需求越来越高，文化供需矛盾已由缺不缺、够不够转化为好不好、精不精的问题。当今中国的博物馆在国家文化软实力提升方面，已投身到文化生产、文化传播乃至文化消费各环节中并引领、带动风尚。国家文物局原局长刘玉珠指出，"十三五"以来，我国平均每2天新增一家博物馆，达到25万人拥有一座博物馆。截至

2019年底,全国备案的博物馆达到5535家,全年举办展览2.86万个,教育活动33.46万场,接待观众12.27亿人次(其中免费开放接待观众10.22亿人次)。据国家统计局数据显示,2019年,我国人均教育文化娱乐消费支出2513元,增长12.9%,占人均消费支出的11.7%;我国文化消费综合指数呈整体上升趋势,未来文化消费在日常消费中的比重还会增加。2019年8月,清华大学文化经济研究院和天猫联合发布《新文创消费趋势报告》,线上博物馆文创市场每年以超100%的速度增长。阿里零售平台数据显示,2019年购买过博物馆文创的消费者达900万人次,比2017年增长了4倍多。过去一年,天猫淘宝博物馆店的浏览量为16亿人次。人民群众对文化需求的总量在不断增大,对文化产品和服务质量的要求越来越高,并呈现出个性化、多元化趋势。博物馆因其拥有的深厚文化底蕴,将会应时代需求反映到新的文化产业体系中,释放持续悠久的影响力。

二、大文创时代中的博物馆弄潮儿

以"文化+科技"、"文化+创意"和"互联网+文创"为基本模式和主要特征的大文化产业的蓬勃兴起带来的巨大变革,正引发着博物馆行业的同频共振。

故宫博物院:利用博物馆形象宣传片打造IP,"我在故宫修文物""国家宝藏""上新了·故宫"等节目大受欢迎背后的文化现象是当代大众需要有深度的娱乐享受。

敦煌研究院:研学精品"莫高学堂",依托莫高窟文化遗产地和敦煌研究院学术资源,特邀敦煌研究院各领域专家和知名学者共同组成莫高学堂导师团,从各自领域的不同视角出发解读敦煌。为学员们分享知识,收获智慧,为洞窟实体参观和周边游学从历史、造像、艺术、视觉、保护、文献做好知识铺垫,宗旨是讲好敦煌故事,向世界传播中国声音。

清华大学艺术博物馆:优秀精品的原创特展不仅适合走出"馆际"更能远走"境外"进行交流传播,展览策划包括详细阐释展品内涵、深入挖掘学术价值、突出强调文化元素、强力组织学术研讨、倾力打造精品图录、努力拓展衍生产品——"器服物佩好无疆——东西文明交汇的阿富汗国家宝藏"特展回顾。

上海博物馆:博物馆特展文创产品开发已成为我国博物馆文创工作的趋势之一,一方面是回应广大群众的需要,另一方面则是商业策略或是消费主义的发展所致。博物馆特展文创不仅提升了展览活力,更让公众的观展行为与消费行为混合成为一种文化现象。通过实践,成功转换运用到博物馆特展效益上,使其社会效益和经济效益双丰收。

陕西历史博物馆:在馆企合作方面与20余家社会企业合作开发产品、建设渠道、运营IP,将"唐妞""花舞大唐"等IP玩转用活,让文化从"殿堂"到"日常"。

另外,在共建共享方面,各大博物馆也体现出责任和担当,其形式可以是行业内的,也可以是跨界的。如中国国家博物馆(淘宝授权)、南京博物院(博苏堂)、广西壮族自治区博物馆(文化扶贫)、广东省博物馆和湖北省博物馆(文创联盟),都为中小型博物馆在文创发展的道路上提供资源、设计、生产、销售、投融资等方面的扶持。

三、结合本馆文创开发初探

宜昌市博物馆于2020年12月新晋获评第四批国家一级博物馆。在2011年新馆建设立意之初，作为国家二级博物馆、湖北省地市级博物馆，应《宜昌市国民经济和社会发展第十二个五年规划纲要》要求"高起点规划和新建宜昌市博物馆"。历经七年建设周期，投资7.27亿元，主体建筑面积43001平方米的宜昌市博物馆新馆于2019年9月正式落成并对外开放。为配合新馆基本陈列"峡尽天开"历史文物展和特展陈列"物竞天择"野生动物标本展，让观众"把展览带回家"，博物馆与环球健康与教育基金会、陕西西安昭泰文化等公司密切合作，借助湖北博物馆文创联盟资源整合平台，围绕展览主题、重要内容与重点文物展品，共同开发高端、中端及快消产品三个不同层次的文化创意衍生品100余种。展览开放期间，诸多文创产品引发观众产生极大兴趣，烘托了展览的社会效应。

宜昌市博物馆的文创始于20世纪90年代，应地方宣传和馆际交流所需，取材馆藏珍贵青铜器文物原型，开发制作压模金属錾刻书签礼品套盒（四件套），后又以馆藏雕龙玉璧为原型制作了和田玉仿制工艺品，这便是我馆在文创实践中的初期尝试。当时因为没有营销推广的理念，这些文创产品仅仅作为礼品流转，社会效益方面影响力甚微、经济效益更无从谈起。

（一）知识产权保护提供开发前提

翻开新篇章，虽然宜昌市博物馆文创成规模开发的局面打开较晚，但自2019年9月新馆建成伊始，适逢国家文物局《博物馆馆藏资源著作权、商标权和品牌授权操作指引（试行）》规范出台，我们即刻向湖北省版权局申请了宜昌市博物馆馆徽的著作权作品自愿登记，同时向国家知识产权局申请馆徽设计图形在广告宣传、印刷品、日用器皿、服装、玩具、饮料等12大类领域的商标注册保护。这一系列操作为文化创意产品开发工作的"馆藏资源授权"保障了前提，使我们得以在知识产权保护、授权开发等方面起步稳、落脚实。

（二）湖北博物馆文创联盟给予资源护持

在湖北博物馆文创联盟的关怀下，围绕宜昌市博物馆文创开发起步阶段的系列产品，联盟平台为我们配备了文化内涵相近的博物馆产品形成商品矩阵，充实宜昌市博物馆文创卖场、培育经营环境，在尽可能短的时间内帮助我们完善了新馆公共服务功能板块。

（三）自主开发、授权开发、合作经营模式并举

1. 自主开发

2019年由文物出版社出版的《宜昌市博物馆馆藏文物图录》经由本馆自主开发，完成了从前期收录藏品的遴选、图片拍摄、版式内容的编辑，到付梓印刷阶段的排版、校对、调色等工作。该图录包含铜器卷、书画卷、陶瓷卷、杂项卷、宗教民俗卷五册，收录馆藏精品文物八百余件（套），对宜昌市博物馆藏品进行了较为全面系统的展示。

2. 合作经营

在新馆筹建过程中，美国环球健康与教育基金会向宜昌市博物馆捐赠了一批价值1.5亿元人民币的非洲、美洲及世界其他地区的野生动物标本，建造"物竞天择——贝林先生捐赠动物标本展"特展专厅，使宜昌市博物馆成为湖北省首个地市级综合类博物馆。

该基金会拥有国际成熟的博物馆纪念品商店运营管理经验，将打造"博物馆最后一个展厅"的理念贯彻始终，他们在全国8个省、4个直辖市开设了20余家博物馆商店，现有商品品类十余种，SKU（Stock Keeping Unit, 库存量单位）多达5000余种。同时在多个平台如淘宝、有赞商城、微信商城以及微信小店开出店铺，并成功积累了数万粉丝量。

Behring World®（贝林自然世界®）纪念品商店在宜昌市博物馆新馆落成时与"物竞天择"特展同步开放。他们以展厅陈列标本为设计灵感，开发、生产了自然动物系列主题的文创纪念产品，包括服饰包袋、饰品配件、毛绒公仔、塑胶模型、学用文具、矿石衍生品、生活家居等，商品高度契合展览内容，充分体现展品特色，有助于传播博物馆文化，延续观众参观博物馆的乐趣与收获。

根据合作备忘录协议，环球健康与教育基金会将与宜昌市博物馆共同经营管理纪念品商店，推广、销售基金会授权、定制的相关纪念品以及"环球自然日"活动等有关的书籍、音像制品和其他衍生品，丰富宜昌市博物馆文化创意产品类型。今后还将借助"环球自然日"等活动的开展，拓展在人文和自然科学领域的青少年活动，推广文化创意开发。

3. 授权开发

（1）合作武汉江盛文化创意有限公司

宜昌市博物馆委托武汉江盛文化创意有限公司以馆藏资源为元素，开发有地标建筑、馆藏代表、萌宠印象、七夕寄语为主题的纪念币4款。纪念币制作工艺精良，价位亲民，自助式销售模式时尚便捷，一经推出反响火爆，新馆开放后仅投放四个月销售额达30万元。

第一款主题为宜昌市博物馆新馆建筑外轮廓，结合三峡地域风貌作山水倒影与云气装饰，意在突出博物馆主体建筑造型的IP打造。第二款为馆藏珍贵文物雕龙玉璧造型及名称字样，用于展现馆藏深厚积淀的代表。第三款为馆藏瓷瓶纹样中提取的家猫造型，源于当今各馆在博物馆风尚的打造中，频频利用馆藏中的萌囧形象拉近大众与博物馆的亲和距离而取材。第四款主题为馆藏"一日思君十二时"印章印文，底衬以古代计时方法的十二时辰按照表盘顺时针排序，这款纪念币因其诚挚热烈的表白，被定位为七夕节情侣特款。4款纪念币背面均以宜昌市博物馆馆徽图形与馆名的中英文字样为底纹，浓缩为今朝的"宜昌市博物馆印象"。

（2）合作西安昭泰文化发展有限公司

宜昌市博物馆委托西安昭泰文化发展有限公司以馆藏资源为元素，设计开发了涵盖镇馆之宝、文化精粹、创意精选三大类共20余种文创产品。

① 宜昌市博物馆文创开发的出发点：一是从文化地标出发，打造城市文化名片性质的文创体系；二是反映宜昌文化的高度凝练与创意表达，承载并传递城市底蕴；三是依托展厅主

题内容展示，通过不同维度从文化内容衍生主题，专注性的表达主题内容；四是注重功能性创新，如文化礼品、大众时尚消费品；五是从镇馆之宝、设计表达、内容权重等角度选取设计方向。

② 宜昌市博物馆文创设计的内容体系

有陵——三峡风光、"历史之窗"建筑；

有声——万年毕福楚季宝钟为首的音乐考古文物；

有色——金甲片、青铜、漆器之色等分期推出一期一色冰箱贴、钥匙扣类；

有容——陶器、瓷器等容器类；

有秘——刻划符号、符文、压胜、吞口等快销类；

有灵——分为有虎、有凤、有熊，后期开发徽章类、金银饰品及当地非遗木雕类；

有人——太阳人图腾，入门打卡戳印互动类；

有辞——屈原文化、楚辞，文具快销类。

③ 几款设计碰撞案例

宜昌市博物馆主体建筑由上海华东建筑设计院主导设计、中建三局施工建设，并争创国家建筑行业最高荣誉奖项"中国建设工程鲁班奖（国家优质工程）"。"建筑是凝固的历史"，博物馆作为承载历史的殿堂，地域文化风格被深刻地彰显在建筑特色之上，我们尝试以宜昌馆建筑造型为蓝本开发了一款"历史之窗，宜昌之光"纸雕灯，期望将宜昌市博物馆这一地标性建筑的风采予以传播欣赏，同时利于我馆文化IP的打造。

在为"书画棒棒糖数据线"这款商品敲定外包装糖纸的原型馆藏书画后，我们没有忽略这个商品的实用功能——数据线类型的选定。在当今数字时代，各类电子产品中都会配备数据线，极少有另行购买的必要，所以我们重新物色了OTG线。这是一种新型USB传输技术，用于在无电脑作为中转站的情况下，直接将手机、平板等移动设备连接U盘、读卡器、键盘、鼠标、数码相机等外部设备，以进行数据传输、输出操作或充电等功能。OTG线的功能提高了被文创消费者青睐的概率，成就了我们注重商品文化内涵与实用性能嫁接的成功率。

另一款电子产品"太阳人充电宝"的诞生，也经历了几番变身。这款设计的初衷是满足观众到博物馆打卡戳印的需要，选择新石器时代的太阳人石刻形象为印纹，由于太阳人石刻图案颀长，设计印章造型时体量随之增大，我们即在印章内部增加了实用功能——充电宝。这样，一物两用，意趣+实用，杜绝生硬呆板的单一功能，期待它也能走上快销路线。

④ 初设构建营销体系

宜昌市博物馆文创虽然尚处于起步阶段，但设法利用社会资源、引入社会力量建立营销渠道的进程刻不容缓。我们与西安昭泰签订营销合作战略协议，双方拟通过人力、资源、空间等要素投入共同进行项目开发，利益共享。借助其线上运营资源和线下运营团队，帮助我馆进行线上平台内容、流量、用户合作。

此外，宜昌市博物馆申报AAAA级景区的工作正在积极进行，预备加入"大文创"概念下的博物馆研学和旅游联盟，整合纳入国内优质博物馆资源，由文博专业人员设计课程体系并授课，将开发出的高品质博物馆研学和旅游产品官方授权输出给校外素质教育机构，向着培育原创教育活动品牌的方向努力。

四、结语

苏州博物馆文创部副主任蒋菡在博物馆文创线上培训课上讲到:"优秀的博物馆文创产品,应该要有参与到完全的市场竞争中去的能力!"我们要有信心并且有目标,形成以产业为"体"、产品为"桥"、文化为"魂"的博物馆文创产业体系,使"博物馆生活化"成为必然趋势,让博物馆伴随更多的社会人终身成长!

参考文献

[1] 魏峻:《博物馆文创的策略与实践》,《博物馆文化创意系列课程》,2020年3月。
[2] 蒋菡:《博物馆文创产品研发与电商平台搭建》,《博物馆文化创意系列课程》,2020年3月。
[3] 胡绪:《上海博物馆特展的文创开发与实践》,《博物馆文化创意系列课程》,2020年3月。
[4] 庞雅妮:《从陕历博IP的成长看让文创活起》,《博物馆文化创意系列课程》,2020年3月。
[5] 吴越宇:《文创经营与艺术授权》,《博物馆文化创意系列课程》,2020年3月。

博物馆文创产品开发的问题及策略
——以辛亥革命博物馆为例

钟 艺

（辛亥革命博物馆）

一、现状及问题

当前国内的博物馆文化创意产品，除了故宫博物院、中国国家博物馆等屈指可数的几家之外，绝大多数博物馆的开发能力比较弱，开发出来的文化创意产品缺乏对博物馆自身文化和藏品的解构，产品更新慢，没有时代特色。创新性、趣味性不足是国内博物馆文化创意产品开发中的常见问题。

当前国内博物馆文化创意产品大多只注重其产品属性，不以经济效益为最终目的。低档产品制作粗糙，不够精美，会抑制消费者已经萌发的购买欲望；高档产品普遍过度包装，导致产品包装成本过高，限制了产品的营销和推广。

在我国，国有博物馆被定义为非营利性事业单位，资金来源主要为政府拨款。所拨经费除了维持博物馆日常运营和基本的文物保护研究费用之外，可机动运用的经费往往相当有限。然而，在现行财政制度下，博物馆开发的文化创意产品即使在市场上大获成功，也担心下年度财政拨款减少而经营收益却难以保持年年稳定的难题。僵化落后的财政制度、财政理念和烦琐的拨款申请流程，极大地制约了博物馆开发文化创意产品的内在动力和博物馆文化创意产业的发展速度。

文化创意产品开发和保护，涉及创意设计、知识产权集体管理和知识产权许可、商务谈判、经济法制、科技创新、历史文博、市场营销、广告策划、会议展览等众多领域。目前，我国的博物馆工作人员队伍仍然以文博、历史等专业为主，博物馆文化创意产品开发的复合型专业人才特别匮乏。这在很大程度上制约了博物馆文化创意产品开发工作的迅速开展。

博物馆文化创意产品开发是文化产业中一个增长潜力巨大的分支。通过创意人的奇思妙想，将历史文化资源转化为具有巨大经济价值和社会价值的文化创意产品，再辅助以知识产权创造、运用、保护、管理，就可以将沉睡的文物资源的经济价值逐步挖掘出来，进而推动社会文化环境和公众文化品位的提升。然而，我国的大多数博物馆属于公立事业单位，长期以来，市场意识、创新意识、效益意识缺乏的弊病一直存在，而文化创意产品的开发与销售，不但是完全的市场化行为，而且比实体经济运营的复杂程度更高。

二、方案及对策

在经济快速发展的时代，消费者文化素养和经济实力的提升促进了对商品的高要求，人们开始更为注重商品的文化意义。因此，现阶段需要以消费要求为导向分析人们文化消费的需求与方式，针对性地对其进行挖掘，开发融入文化意义的文创产品。

文创产品的开发是一项复杂的工程，从产品定位开始到提出设计思想再到正式投入生产和销售，整个过程会经历很多阶段，持续时间长、涉及面较广。在此前提下，有必要按照一定的流程来开展工作，具体包括调查研究、确定开发品种、提出设计思想、初级打样试制、进一步调整、确认生产、投入销售。只有这些环节相互促进，文创产品开发工作才能顺利、协调地开展。成功开发出新产品的关键是缩短开发周期，建立有效的开发模式，这样不仅能节省新产品开发的时间成本，还能节省资金成本。

藏品是博物馆的基本构成要素，博物馆的文创开发应把藏品特点的挖掘放在首位，准确把握藏品的性质和特点，撷取文化元素，通过设计加工与制造，设计出观赏性与实用性相结合的特色文创产品。

我国博物馆的文化产业现在处于起步阶段，随着社会经济的发展，人们日益增长的精神文化需求，对文化产品的探索发现文创产品不能再满足于简单的复刻；博物馆应主动应对文创产品对博物馆发展带来的正面效应，开发具有独特性、观赏性、实用性和鲜明地域性的文创产品。同时，应对博物馆文创商店进行具体规划，选取合适的地理位置、设计灯光照明对观众的注意力进行引导，商品陈列要具有观赏性与艺术感，给人以良好的视觉感受，真正让文创商店成为"最后一个展厅"。

在"互联网＋"的背景下，博物馆文创事业和互联网营销紧密结合，文创产品的推广主要有微博、微信、网易和应用程序等。其具有的快速传播信息的特性为文创产品的开发与发展带来更多的可能。博物馆可以建立官方微博，每天发布一些博物馆的图片、故事，以及文创商品的展示；可以使人们与博物馆产生互动，不仅向消费者传达了有关博物馆的知识，也让观众在日常生活和使用产品的同时感悟历史文化。另外，博物馆也可以借助微信建立官方微店，在互联网上展示实体博物馆，这样不仅增加了人们获取信息的便捷度，也降低了博物馆实体商店运营的成本。

一个好的活动策划一定会激发受众的参与性与互动性，为博物馆提供更多的宣传点，以增加参观人数。博物馆可开展集中活动，例如博物馆历史故事的涂色绘本、孩子和家长一起参加的涂色绘本，以及参观者对博物馆的印象回馈活动，一方面可以获得建议，另一方面可以打响知名度。

博物馆文创的发展靠的不是一人之力，需要多方合作才能实现团队目标。之所以合作能达到共赢是因为团队合作能取长补短，发挥各自的优势；博物馆应主动地与社会其他单位合作，扩大和丰富自己的参观人群，其中可特别注重与旅游部门的联系，使博物馆文创与旅游相结合，创新博物馆旅游市场营销从而满足社会发展的需要。

三、案例分析

辛亥革命是一场翻天覆地的政治革命，亦是一场伟大的社会变革。剪掉的是一把长辫，开启的是时代的新篇。纵使时间淹没了记忆，但总有一种浩然正气存在于天地，那就是"敢为天下先"。"敢为天下先"不仅是首义精神的精髓，更是楚人开拓创新、创新奇迹的一面大旗，最突出的特点就是其勇于创新的首创精神和改革精神。由此我们引发思考，融入历史故事，根据年轻人的喜好设计出融合辛亥革命历史小故事的文创产品。

辛亥革命博物馆在确定了文创产品具体开发的明确思路与对策后，经过与湖北商贸学院的"城市创意礼物"团队合作，推出了一批"脑洞大开"、充满意趣的文化创意产品，例如，"辛亥革命填色绘本"、"辛亥革命"系列纸胶带、宋庆龄折叠防晒伞、小士兵护手垫等，引发消费者的追捧，一度成为博物馆的畅销商品。

经调查，目前辛亥革命博物馆是除湖北省博物馆外人流量最大的博物馆，主要参观人群为青年学生、未成年人和中老年人。馆内陈列分为"晚清中国""革命原起""武昌首义""创建共和""辛亥百年"五个部分，展示了辛亥革命历史文物428件，历史照片694张，以及重大历史事件复原场景27处、艺术品12处、多媒体20处。

为响应文物在百姓生活中"活"起来、将博物馆记忆带回家的号召，博物馆于2013年开始研发文创产品，设计开发并形成一系列成型的文创产品，经过多年的探讨和研究，从最早的徽章和明信片极少的几个品种几百件商品，发展到现在的书签、胶带、文具、书籍、邮票、瓷器等几十个品种上百万件商品。将文化融入生活，建立了自己的文化创意事业。

结合辛亥革命博物馆历史小故事设计的产品纸胶带"剪辫子"篇、"敢为人先"篇。纸胶带虽是个小物件，但艺术化的纸胶带却能够满足多种需求，根据使用场景实现了胶带的新生。从纸胶带消费到品味，再到DIY乐趣和新作品创造，消费者起到了主导作用。

在孙中山民主革命思想的旗帜下集结起来的湖北革命党人，蓄势既久，为天下先，勇敢地打响了辛亥革命的"第一枪"，并一举光复武昌。我们根据馆藏"汉阳造"步枪设计了枪形尺——尺笔一体，寓意为辛亥革命第一枪，更蕴含了湖北革命党人要杜绝"有尺无笔、有笔无尺"的追求。

除了以上创意，我们还提取建筑元素，设计了辛亥套尺。辛亥套尺的设计灵感来源于辛亥革命博物馆建筑外观，高台大屋顶的架构，彰显中国建筑"双坡屋顶"和飞檐翘角的特质；几何形外观和"楚国红"色调，寓意敢为人先的首义精神，俯瞰呈V字造型，寓意胜利和武汉的腾飞。辛亥套尺将建筑外观的正面、侧面和俯视面图形融为一体，设计进三角尺、直尺、量角尺等文具中，简单又实用。

为了让文博产品更好地融入生活，我们还提取了博物馆中具有独特性的人、事、物，衍生出一套以礼帽、孙中山的各种Q版表情为主题的系列生活用品，主要有橡皮、冰箱贴、手机壳、钥匙扣等；还提取民国独有的服饰搭配为元素，礼帽、长袍加皮鞋，既表现当时中西方文化相结合的思想又具有趣味性。

针对场馆人流量较多的中小学生，开发了辛亥革命博物馆玩具类文创产品。这些产品突破了原有博物馆纪念品设计的种类和风格，更具创新感、潮流感和娱乐性。其中，拼插玩具《辛亥革命·屠龙战士》文创作品参加第七届中国博物馆及相关产品与技术博览会大会，并被组委会选送至首都博物馆展区进行展出。

为了更加突出辛亥革命博物馆产品的观赏性与实用性。我们提取了"辛亥"二字为元素设计了一款木质U盘，在未使用时只能看见"辛"字，使用时，便可看见"辛亥"二字以表达"辛"中有"亥"，铭记历史。

为了突出辛亥革命博物馆产品与日常生活用品的结合，我们设计了一款启瓶器，采取编钟外形作为启瓶器的开口，融入湖北特色，镂空部分采用了"辛亥革命"四字作为图案，还有创意立体台历、雨伞、剪影灯等生活用品，将辛亥革命融入日常生活。观赏性与实用性相结合，以激发观众的购买欲望。

为了避免辛亥革命博物馆产品经常出现的低档产品制作粗糙、不够精美的问题，我们还设计了一系列的高端纯手工礼品，其中根据辛亥建筑外形制作了"辛亥之翼"衍纸设计，作品融入辛亥文化与手工艺文化，实现传统手工艺与现代文化建筑完美结合。此作品中的直线代表了对抗战的一往无前的精神；曲线代表我们抗战中遇到困难、问题时灵活的思想。直、曲的搭配使作品呈现出视觉冲击力。此作品被选送参加全国文博单位文化创意产品联展，并获得"文博传承奖"。

四、结语

博物馆本身的历史性注定了博物馆与我们的生活有距离，想要消除这种距离感我们就得将历史带进生活。结合博物馆中具有独特性的人、事、物，衍生出系列生活用品。

融入博物馆特色开发新型文创产品，是博物馆发展的良性道路，将文创产品带回家是真正地让文物在百姓生活中"活"起来。推进文创产品的开发，满足人民群众的精神与生活需求进而达到博物馆文化事业的发展，对博物馆而言，文创产品的开发可以引起社会群众的关注，获得新鲜事物，增强创新性。

通过文创产品传递文化，延伸博物馆的历史文化内涵，提高知名度，扩大影响力，深入人民生活，吸引更多的参观群体，使博物馆成为当地的"文化名片"，也是博物馆传统与未来的有机结合。

参考文献

[1] 刘芳、刘娟：《谈博物馆文化创意产品的包装设计原则》，《中国包装工业》2014年第14期。
[2] 范秀萍：《中国文字博物馆文化产品的开发与营销》，《安阳师范学院学报》2014年第6期。
[3] 张尧：《基于博物馆资源的文化创意产品开发设计研究》，苏州大学硕士学位论文，2015年。

后　记

习近平总书记强调要"系统梳理传统文化资源，让收藏在禁宫里的文物、陈列在广阔大地上的遗产、书写在古籍里的文字都活起来"。在有效保护的前提下，让传统文化资源活在当下、传承发展，湖北全省博物馆近年来按照守正创新的总基调在文创工作方面进行了一系列探索和实践。

本书对全省博物馆近年文创工作进行了简单的梳理和回顾，系统地介绍了湖北文博单位近5年开发的文创产品，尤其在2016年国务院办公厅转发文化部、国家发展和改革委员会、财政部、国家文物局4部门《关于推动文化文物单位文化创意产品开发的若干意见》后，全省博物馆在文创工作方面的新尝试进行了简要总结和初步思考。

本书的编写获得了湖北省博物馆、辛亥革命武昌起义纪念馆、武汉博物馆、荆州博物馆、武汉市中山舰博物馆、武汉市革命博物馆、长江文明馆、宜昌市博物馆、辛亥革命博物馆、盘龙城遗址博物院、鄂州博物馆、恩施州博物馆、恩施唐崖土司城遗址管理处、武汉琴台钢琴博物馆等文博单位高度重视，在提供文创产品图片及文字介绍方面给予有力配合。湖北省博物馆王亮、武汉博物馆罗群丽、荆州博物馆彭浩、武汉市中山舰博物馆熊超、武汉自然博物馆丁振国、夏宇诚、宜昌市博物馆阮晓雨、辛亥革命博物馆钟艺专门为本书提供了文稿，为圆满完成本书编写任务奠定了坚实基础。在此一并表示衷心感谢和诚挚敬意！

由于编者水平有限，书中难免存在错误和疏漏之处，恳请读者批评指正。